小团队
绩效倍增法

揽人才+会沟通+巧激励

周正军 蒲健 —— 著

化学工业出版社
·北京·

内容简介

《小团队绩效倍增法：揽人才+会沟通+巧激励》一书围绕"揽人才、会沟通、巧激励"三个方面详细阐述提升小团队绩效的方法与策略，为小团队创业者、管理者提供全面、系统的绩效提升方案，助力构建高效的小团队，并实现绩效的显著提升。

本书首先阐述了吸引和汇聚优秀人才的方法，通过剖析人才选拔标准和技巧、人才培养策略与方法，引导读者在团队组建中注重人才质量与结构，为团队发展奠定基础；其次，强调了沟通在提升小团队绩效中的关键作用，通过阐释沟通原理与技巧、团队内部沟通方式，协助读者提升沟通效率，减少误解与冲突，促进小团队成员协作与配合；最后，本书全面阐述了激励手段激发小团队成员积极性和创造力的方法，通过对激励原理与类型的分析、制定合理激励机制与措施，引导读者在小团队管理中激发成员内在动力，实现小团队绩效的持续提升。

本书适合大、中、小企业不同岗位管理者学习使用，也可以作为团队培训教材，以及建设与管理团队的参考用书。

图书在版编目（CIP）数据

小团队绩效倍增法：揽人才+会沟通+巧激励/周正军，蒲健著．—北京：化学工业出版社，2024.4（2025.1重印）
ISBN 978-7-122-45173-6

Ⅰ.①小⋯　Ⅱ.①周⋯②蒲⋯　Ⅲ.①企业管理-团队管理　Ⅳ.①F272.90

中国国家版本馆CIP数据核字（2024）第048683号

责任编辑：卢萌萌　张　龙　　　　文字编辑：张　龙
责任校对：宋　玮　　　　　　　　装帧设计：史利平

出版发行：化学工业出版社
　　　　　（北京市东城区青年湖南街13号　邮政编码100011）
印　　刷：北京云浩印刷有限责任公司
装　　订：三河市振勇印装有限公司
880mm×1230mm　1/32　印张7½　字数160千字
2025年1月北京第1版第2次印刷

购书咨询：010-64518888　　　　　售后服务：010-64518899
网　　址：http://www.cip.com.cn
凡购买本书，如有缺损质量问题，本社销售中心负责调换。

定　　价：58.00元　　　　　　　　　　　版权所有　违者必究

前言
Preface

对每一个管理者来说，如何管好团队永远是一个不老的话题。然而，管理工作在不同时代、不同环境下，可谓千差万别。本书虽然是一本管理类书籍，但没有写传统的管理，而是围绕"小团队管理"重点展开。为什么要写小团队管理，是出于两个方面原因。

第一，在新商业时代的企业中，小团队已经逐步取代部门成为最基本的单元结构。

比如，在互联网巨头企业中流行一句话"内部微创新，小团队创业"，而且这已经逐步成为一种企业文化。阿里巴巴很早就提出"赛马"计划，并借此机会诞生了很多现在已成为阿里集团核心业务的团队；脱胎于传统制造业海尔内部下属"创新工场"的某本土游戏品牌，借助海尔的后台支撑实现了一个奇迹。

在这方面，欧美国家的企业更为成熟，团队覆盖率达到80%以上，尤其是在核心业务上小团队非常普及，只有部分辅助性业务，如人力资源、财务等仍由一些零散部门承载。

第二，近几年个体IP在崛起、小微企业在崛起、自由职业者在崛起，人数在10人以下的小团队风靡，而很多管理者在小团队管理上经验和能力十分欠缺。即使一部分人是大团队管理者转型过来的，有大团队管理经验，但仍无法搞定一个几人的小团队，遇到新问题可能会处处束手无策。

这充分显示出，小团队与大团队在管理上的不同之处，小团队与大团队的差异并不仅仅在于人数规模，还体现在组织结构、管理模式、经营思路、业务流程等深层次的诸多方面。

本书没有将小团队当作大团队的"压缩版"来写，而是提出一个独立小团队概念。小团队是企业形态进化的必然产物，标志着传统企业向新型企业的转型。在这个过程中，企业"职能部门"的"职能"融入各个具体业务之中，而部门则被不同功能的小团队取代。

全书共6章，第1章总体概述小团队在新商业时代存在的必然性及概念、优势等基础知识；第2章介绍组织结构是组建小团队的根基，重点介绍了小团队的4种结构；第3章介绍小团队的人员组建，从招人、选人到留人，从策略规划到技能实操，面面俱到；第4章介绍任何团队管理都不能忽略的问题：沟通问题，由于小团队沟通涉及跨部门、跨领域，因而难度更大，更为重要；第5章介绍小团队的3种激励机制，薪酬、绩效和情感，涵盖薪酬制定、绩效考核、下属职业生涯管理等多方面的内容；第6章介绍团队凝聚力提升的重要举措，包括团队文化、团队制度、团队监督等，从宏观上保证团队目标和客户利益的实现。

本书视角独特，定位精准，阐述逻辑分明，语言简单易懂，有案例解析、有方法参照。作者从事团队咨询工作20余年，在小团队管理方面积累了丰富的经验，一定能助力每位管理者的水平、能力再上一层楼，走出"带团队"的困境。

在此，我要衷心地表达感谢。首先要感谢多年来一直支持我、信赖我的学员客户，没有他们就不会有本书的形成；其次我要感谢所有的同事和合作伙伴，是他们一直在帮助我、启发我、包容我；最后，要感谢家人，是他们无条件的爱与支持，让我没有后顾之忧，尽情驰骋。

目录

Contents

第 1 章
小团队：消失的企业部门，崛起的小团队　　001

1.1 **为什么说，部分企业部门将会被小团队取代** / 002

1.2 **小团队的进化** / 004
　　1.2.1 从精英价值形态向客户价值形态转变 / 004
　　1.2.2 小团队是客户价值形态下的产物 / 007

1.3 **小团队的特性** / 009
　　1.3.1 灵活性强，对外界反应速度快 / 009
　　1.3.2 目标明确，更容易出大成果 / 011
　　1.3.3 高度独立，单兵作战能力强 / 012
　　1.3.4 资源聚焦，集中力量办大事 / 015

1.4 **小团队人数规模与比萨原则** / 017

第 2 章
搭台子：组建小团队常用的组织结构　　019

2.1 **组织结构是小团队的"地基"** / 020

2.2 **直线型结构** / 022

    2.2.1 结构特点：简单高效 / 023

    2.2.2 直线型结构的4个流程 / 023

    2.2.3 直线型结构的3种延伸形式 / 032

2.3 **扁平式结构** / 035

    2.3.1 结构特点：自由度、灵活性高 / 035

    2.3.2 扁平式结构的优势 / 037

    2.3.3 扁平式结构的劣势 / 044

2.4 **矩阵式结构** / 045

    2.4.1 矩阵式结构示意图 / 045

    2.4.2 横向职能团队 / 047

    2.4.3 纵向项目团队 / 048

2.5 **同心圆结构** / 051

    2.5.1 同心圆结构示意图 / 051

    2.5.2 一个中心点：用户 / 054

    2.5.3 若干外围点：利益 / 057

第3章
揽人才：完善选育用留机制，让人才既来之则安之　　059

3.1 建立选育用留机制的3个阶段 / 060

    3.1.1 初创期：培养创始人的识人能力 / 060

    3.1.2 成长期：实现团队识人协同能力 / 061

3.1.3 成熟期：建立人才选育用留机制 / 066

3.2 选人原则：匹配比优秀更重要 / 069

3.3 内部调配：按需进行人才调配 / 072

3.3.1 内部人才调配的方式 / 072

3.3.2 内部人才调配的原则 / 074

3.3.3 内部人才调配的流程 / 075

3.4 外部招聘：严把"招聘关" / 077

3.4.1 做好聘前测试 / 077

3.4.2 一定要面谈 / 080

3.4.3 谨慎引入资深新人 / 082

3.5 努力留人：招百人不如留一人 / 085

3.5.1 制度留人：建立完善的用人制度 / 086

3.5.2 薪酬留人：有奖有罚奖罚分明 / 090

3.5.3 情感留人：小团队更应该重人情 / 094

3.5.4 文化留人：留人贵在留"心" / 098

第4章
会沟通：打破部门墙，实现跨部门的无障碍沟通　103

4.1 组建跨部门小团队的背景 / 103

4.2 深度沟通，将跨部门人员凝聚在一起 / 104

4.2.1 事前准备，明确沟通目标 / 106

- 4.2.2 开始沟通，并掌握对方情况 /109
- 4.2.3 进行有效沟通，信息有效流转 /110
- 4.2.4 深度沟通准则：保罗·格莱斯准则 /112
- 4.2.5 分析问题，并有针对性地解决 /115
- 4.2.6 融入情感，提升谈话感染力 /118

4.3 **消除沟通壁垒，打造无障碍沟通** /121
- 4.3.1 用制度去约束，避免沟通失衡 /121
- 4.3.2 打造沟通基因，形成固化沟通体系 /125
- 4.3.3 均衡沟通，避免"木桶效应" /129
- 4.3.4 借助多元化渠道，实现全方位沟通 /131

4.4 **跨部门小团队内部沟通常出现的问题** /134
- 4.4.1 语言障碍 /134
- 4.4.2 信息不对称 /140
- 4.4.3 信任度低 /144
- 4.4.4 争吵、推诿、不负责任 /146

第 5 章
巧激励：用好薪酬、绩效、情感三把斧，激励效果倍增   149

5.1 **薪酬激励：规划薪酬提升队员士气** /150
- 5.1.1 构建小团队薪酬激励体系 /150
- 5.1.2 确定薪酬等级的4种方法 /155
- 5.1.3 划分薪酬的3种结构 /160

5.1.4　不同结构形成的薪酬类型　/ 162

5.2　**绩效激励：全员抓绩效，人人有目标**　/ 165

　　5.2.1　小团队的绩效考核与激励　/ 165

　　5.2.2　两类考核指标：定量指标和定性指标　/ 168

　　5.2.3　两大考核法：目标管理法和平衡计分卡考核法　/ 172

　　5.2.4　对考核结果进行分析　/ 177

5.3　**情感激励：让队员既体现价值又有归属感**　/ 180

　　5.3.1　小团队的情感激励　/ 181

　　5.3.2　巧妙设置"点赞墙"　/ 182

　　5.3.3　召开"能量扩散会"　/ 184

　　5.3.4　给落后下属一点儿掌声　/ 185

　　5.3.5　适当地给下属"戴高帽"　/ 186

　　5.3.6　巧妙地给下属制造危机感　/ 191

第 6 章
提升凝聚力：强化团队建设，提升竞争软实力　　195

6.1　**塑造文化管理，提升团队凝聚力**　/ 196

　　6.1.1　良好文化是小团队凝聚力强的表现　/ 196

　　6.1.2　小团队文化建设的五个步骤　/ 199

6.2　**完善监督机制，实现全面监控**　/ 208

　　6.2.1　让管理更规范，让执行更高效　/ 208

　　6.2.2　建立和完善小团队监督机制　/ 211

6.3 **奖罚分明，让监管得到真正执行** / 212
    6.3.1 物质激励与精神激励并用 / 212
    6.3.2 奖罚两手抓，两手都要硬 / 216

6.4 **小团队建设的误区** / 218
    6.4.1 误区一：团队利益高于一切 / 218
    6.4.2 误区二：团队内部皆兄弟 / 221
    6.4.3 误区三：团队内设立全面竞争机制 / 223
    6.4.4 误区四：过度迷信新潮的野外团建 / 225
    6.4.5 误区五：将团队打造成运动型团队 / 226
    6.4.6 误区六：领导者就是管理者 / 228

第 1 章

小团队：
消失的企业部门，崛起的小团队

新商业形态下，未来工作将是以项目为基础，以小团队形式开展的。每个团队由很少几个成员组成，每个成员具备多个领域的知识和技能。相当于一个独立的创业主体，可以全面完成某项任务或者实施某项活动，这将是一种新型的企业组织形态。

1.1　为什么说，部分企业部门将会被小团队取代

在很多人的印象中，团队只存在于社会自由人之间，若干人自由组合形成的非正式组织。其实，企业中也有这样的非正式组织。团队是企业管理中的核心，也是企业做大做强的灵丹妙药。无论是大企业还是小企业，几乎没有一家不谈团队。团队就是一种相互合作、一群有共同志向的人。各个成员都有共同目标，各个成员之间互相支持、互相依赖，一起肩负责任、一起分享成果。

比如，谷歌员工除了做好本职工作外，还有20%的时间自行组织团队，开展项目；同样，国内的腾讯、阿里巴巴、字节跳动、哔哩哔哩、小米等企业内部也存在大量的小团队；不少正在转型中的传统企业也大量运用项目化、阿米巴的形式，成立相对独立的小团队，从事创新型工作；还有新型的互联网创业公司、电商和直播带货公司也都采用项目型小团队模式。

小团队未来将取代部分部门，成为企业内部组织架构的主流。小团队最大的特点就是全能。其脱离了基于岗位职能而设的传统做法，而是基于工作任务，相对独立地运营管理。同时，可以更好地独自应对市场竞争，实现自给自足，比部门制更具有生命力。

基于此，当下很多企业都抛弃了部门制，转而采取小团队形式，尤其是互联网企业。

▲ 案例1

腾讯实行的就是典型的小团队模式。腾讯的小团队一般是按照产品、研发、运营3项核心工作设置的。产品包括产品经

理、开发人员、设计师等基本岗位，其他岗位则会根据产品的实际需求再配置；研发包括项目经理、开发工程师、测试工程师、运维工程师等；运营包括用户运营、活动运营、内容运营等，具体如图1-1所示。

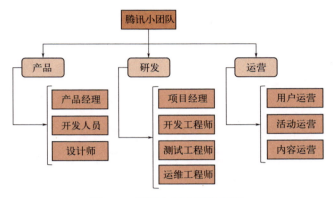

图1-1　腾讯内部小团队框架

传统企业习惯采用部门制，依据企业必备岗位或业务需求而设立部门，如生产部门、研发部门、采购部门、财务部门、售后部门等。这些部门分工明确，各司其职，但随着发展形势的不断变化，缺点逐步显现出来。比如，容易造成资源上的浪费，核心部门尚可充分利用其资源，但有些"清水衙门"则无法充分利用。另外，部门制在应对变化多端的市场竞争上，机动性不足。

小团队制是基于工作任务而建立的，团队成员可以根据任务的目的和计划临时调配，企业内外部最有利的人力、物力、财力都可以用以支援。换句话说，就是所有的工作都是围绕既定任务进行的，所有的工作都是服务于特定任务的。与此同时，随着任务的完成，团队也随即解散，大大避免了资源的浪费。仍以腾讯为例。

案例2

腾讯在研发微信这个超级社交软件时，成立了专门的研发小团队。整个团队只有13个人，尽管一半以上的都是实习生，没有特别多的工作经验，但它的结构设置非常合理。

再加上，有各种高效的机制作保障，所以就算人数非常少，也能在后续的发展中快速壮大。估计很少有人能想象到，当前微信这个全民级产品最初是源于这样一个13人的小团队。

越来越多的企业都在尝试向小团队转型，这也说明企业变革的方向，尤其是传统企业的转型。大部分职能部门未来或将被小团队所取代，所有职能都将融入在业务流程上，由不同的小团队去完成。

1.2 小团队的进化

小团队是传统企业部门臃肿，工作效率低下急需转型的产物。在这个转型过程中，企业"职能部门"中的"职能"逐步融入各业务流程中，"部门"被不同的小团队取代，成为一个个相对独立的组织形态。

1.2.1 从精英价值形态向客户价值形态转变

企业形态是一个不断进化的过程，而进化的本质是从精英价值形态向客户价值形态的转变。这一转变是企业的分水岭，是整个企业发展中质的飞跃。正是有了这次飞跃，企业的组织形态、管理模式都产生了颠覆性变化，标志着企业从封闭型组织转型为开放型组织。

不同的企业形态有不同的组织结构。精英价值形态下的传统企业与客户价值形态下的新型企业，采用的组织结构不同，具体如图1-2所示。

图1-2　不同企业形态下的组织结构

精英价值形态下传统企业，在组织架构上多采取职能型结构，如图1-3所示。职能型组织就是直线职能型与事业部型，典型特征是功能集中，每个部门就是一个独立的职能单元，独立核算、自负盈亏，在企业中承担着某种特定的职能。如财务部、生产部和营销部等，由同领域若干人组成，团队成员大部分时间在一起工作，所做的工作也是大同小异，做同样的事情，说同样的话。

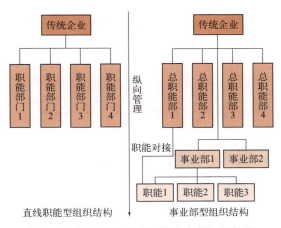

图1-3　精英价值形态下传统企业组织架构

职能型团队的优势是全员始终保持一团和气，但这在某种程度上，也培养了不少滥竽充数的"南郭先生"。

客户价值形态下的新型企业多采用流程型组织结构，如图1-4所示。企业内部没有部门与职位，取而代之的是团队与角色。团队由不同专业、不同领域的人组成，企业如同有了"分身之术"，可以根据市场变化自主调整业务，实现企业规模化动态调整。流程型组织结构比职能型组织结构更加灵活，是新商业时代的主流组织结构。

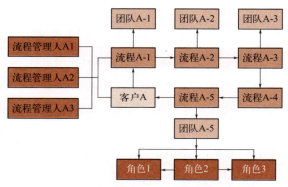

图1-4　客户价值形态下流程型组织结构

目前，小团队在互联网企业中运用较多，这是因为大多数互联网企业都是以产品为导向的，这种形态的企业特别适合小团队的成长。当然，这并不意味着小团队只适合互联网企业，对其他类型的企业而言，小团队设置起来虽然不太容易，但同样可以适用。因为判断小团队是否适合一个企业，并不是看企业的类型，而是考虑一些关键因素，如图1-5所示。

当然了，在组建小团队时也要以企业的实际情况和当下的业务情况为依据。例如，产品线比较丰富的企业，产品类型多，有核心

关键节点
企业业务流程中有哪些关键节点
衔接方式
每个关键节点之间的衔接方式是什么
相关职能
完成这些关键节点及完成节点之间的衔接，都需要哪些职能来完成
重新组合
以上关键节点、衔接方式及相关职能，是否可以重新排列组合，让全链条实现更高效率
价值判断
对每个环节的价值进行判断，价值高的环节，往往就是业务关键节点

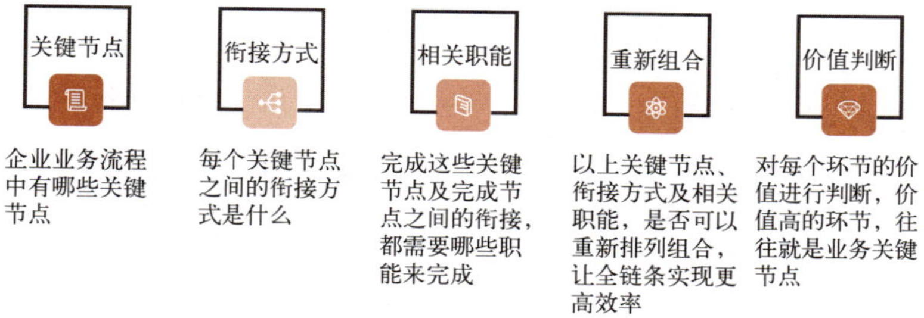

图1-5　小团队设置的关键考虑因素

产品也有附属产品，而核心产品具有高吸引力、高转化率，企业在组建小团队时就要按照核心产品的需要进行。小团队的人员、资源配备和售后服务、反馈都要围绕核心产品进行，只有这样企业的整体绩效才会提升。

1.2.2　小团队是客户价值形态下的产物

如今越来越多的先进企业已经没有职能部门，最小单元是一个个的小团队。对于传统企业而言，向小团队的转型其实就是直线职能型结构或事业部型结构向流程型结构的转型。但这是一个长期的过程，很难一蹴而就，职能部门逐步消失，小团队逐步上位，直至全覆盖。

整个过程需要经历三个阶段，具体如图1-6所示。

1 职能部门团队化
2 职能部门逐步融合
3 职能部门完全消失

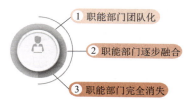

图1-6　传统部门制向小团队转型的三个阶段

（1）职能部门团队化

流程型组织结构一旦建立，职能部门内部就开始分解成不同的团队。团队管理者逐步摆脱部门的"束缚"，将承载的管理职能赋予不同团队，相对自由地穿梭于各业务流程中，更加灵活地推动业务的开展。

团队取代职能部门，其实就是职能碎片化，职能分解。而职能碎片化和分解是为了职能更加灵活，更有活力，更好地服务于业务流程，这与新商业时代的企业运营要求相辅相成。

（2）职能部门逐步融合

随着新技术的发展，企业中的事务性工作将工具化，职能管理更加侧重于策略性工作，重心将逐渐向企业战略领域发展。因此，第二个阶段是职能部门开始融合，一部分事务性部门逐渐融入核心业务流程上，留下了策略性职能部门，虽然部门的数量在逐步减少，但职能的价值却得到进一步凸显，为小团队的建立奠定基础。

这个过程其实是辅助业务与核心业务的融合过程。这种融合体现在负责核心业务的管理者开始承载某些辅助职能，也就是说，这些管理者替代了那些负责事务性的辅助职能部门，辅助职能部门也不再有存在的必要。

（3）职能部门完全消失

当越来越多的管理者开始承担多种辅助职能工作时，传统企业内部的职能部门将全面消失，取而代之的是系统化、集中化的团队，各种职能部门都将融入核心业务流程中，不同类型的小团队能够实现无缝对接，企业将成为一个无边界组织。

在此阶段，所有职能部门都开始融入核心业务流程中，这时流程型组织结构正式形成。业务流程把企业从垂直型运行秩序彻底变为横向运行秩序，一个新组织结构彻底形成。

1.3 小团队的特性

小团队是一个拥有更高灵活性、更强适应能力，并依靠自身专业知识和技能，可独立完成任务的团队。它是企业的"急先锋"，为企业攻城拔寨，开疆扩土；是企业的精英团队，用最锐利的刀解决一切难题；是企业的"圆梦机"，保质保量地完成任务，把战略规划转化成实际成果。

1.3.1 灵活性强，对外界反应速度快

小团队最大的特点是灵活性强，可以自主决策，能够快速做出决策和调整，并迅速响应变化的需求。往往不依赖外部资源或其他团队支持便可以快速而高效地完成任务。

这一优势是由两个十分独特的特点决定的：第一个是规模小；第二个是功能全。

（1）规模小

小团队是一种轻量级组织，规模小，目标高度聚焦，人数一般控制在3～10人。当团队人数超过该范围之后，团队就会进行裂变，将多余的人组成另外一个小团队，并赋予某一方向的工作任

务。通过这种方式，团队可始终保持轻量级状态。

（2）功能全

功能全这一特点保证了小团队的独立自主性。小团队自身就是一个相对完善的体系，可以自主决策，独立完成任务。同时，迭代速度也非常快，就像快速转动的齿轮，环环相扣，市场需求、客户需求一旦有变化，便可以快速做出反应。

与一些大企业相比，小团队的灵活性是一个非常大的优势，因为其灵活性强，小团队具有了另一大特点——高效率。小团队更不会存在所谓的老大难的问题，即使遇到困难，掉头也相对容易。

20世纪七八十年代，苏联军队入侵阿富汗，曾经发生了一起荒唐的事件。一支200多人的苏军被阿富汗游击队围困，队中的指挥官想下令撤退，但不敢擅自做主，只得急忙向上级请示，但上级还得向他的上级请示。如此层层批示，足足四个小时后结果才下来。尽管撤退得到了允许，但这支200人的队伍已经全部被消灭。

层层请示看似符合规定，其实漏洞百出，反映的是团队管理问题。假如这支军队是一个相对独立自主的全能小团队，指挥官有充分的决策权，遇到问题可相宜行事，或许就会避免被全歼的命运。这种现象在现今的很多企业中还大量存在，决策的速度在战场上关乎着千千万万名士兵的生命，同样，在商场上也是急如星火。

小团队灵活性强，源于与传统企业不同的管理模式。管理模式有两种，一种是控制管理，此模式下，企业就像一台超级计算机，只要发出指令，会自上而下层层传递，各部门需要无条件执行。另外一种模式就是情景管理，宛如一台分布式的"处理器"，最大特点是分布式。即让企业中更多部门或个人参与决策，利用集体的智慧，进行全策全力，每一个人不只是一个执行者，还是独立的决策者。小团队由于采用的是情景管理模式，即团队中并没有一个决策机构，每个人都有自己的决策和判断，遇到突发情况既可以交叉决策，也可以独立决策。

1.3.2 目标明确，更容易出大成果

小团队第二个优势是目标聚焦，更便于实现。一方面是由于所有成员本就是为完成某一特定工作而来，每个人都知道自己的任务；另一方面，从专业技能角度考虑，每个人都有自己的一技之长，组合在一起可以最大限度地取长补短，实现资源的互通有无，资源互补。

这与企业的部门设置正好相反，众所周知，企业部门是根据职能进行的，各个部门都拥有相同技能或相似工作经历的人。同时，每个人都会有自己的小目标。换句话说，部门目标则是每个人目标的累加之和，每个人的目标都各自独立，互不干扰，这就使得看似铁板一块的部门，实际上都各自为战。

案例3

例如某企业销售部门。部门有部门的业绩目标，同时，每个销售人员也都有自己的小目标。部门业绩目标的实现，在很大程度上取决于每个人小目标的完成程度。而每个人由于掌握的销售技能不同，拥有客户资源不同，完成的绩效目标程度也不一样，这就会导致一个结果，那就是业绩好的人常常会超额完成任务，成为团队的中流砥柱，受到领导的重视和垂青；而

业绩差的人则逐渐被边缘化,这样的情况进一步加深了团队成员间的矛盾,不利于部门的团结。

而小团队不会出现这样的情况,因为每个人的职能不同,在对目标进行分析或对问题进行思考时,更容易站在全局的角度,通过征集每个人的意见,更快速地找到合适的解决方案。当人数较少时,人与人之间的关系复杂度就较低,这样更利于团队成员间的沟通,再加上每个人的目标是一致的,沟通时效率也会更高。

这样的小团队,较之企业部门制更容易让每个人的专长得到充分发挥,有利于创造更高绩效。

1.3.3 高度独立,单兵作战能力强

小团队虽然成员较少,但单兵作战能力超强,个个是一专多能的多面手。而且各项职责不是必须与某个具体的人耦合,而是所有成员共同分担职责,每个人都有可能做并且有能力做超过自身角色的工作。

再加上,小团队中,每个成员更容易接近领导,有利于建立良好的上下级关系,增强团队成员的参与感和信任度。比如,可直接参与讨论、决策和实施,这种直接参与促使每个成员更有责任感和归属感,更加投入工作。

案例4

亚马逊有一项非常棒的服务:prime会员(消费者成为会员后购物不用额外支付运费)。这个服务最初是由一个小团队

头脑风暴出来的,所有成员聚在一起头脑风暴,每位成员都可以说出自己的想法。其中一个人就提出,我们能不能给会员提供一项更高级的服务,即如果他们购买了我们的会员,可以享受免费服务。

就这么一个小小的提法,日后成了亚马逊的一项王牌服务,每年带来上亿的收入。

小团队成员通常由不同领域的专业人员组成,他们高度协作,并且能够跨越不同职能和角色进行工作,具备完成整个项目或业务所需的全部技能和能力。比如,一个研发团队,在特定情况下开发人员不但可以做开发性工作,还可以做产品测试;测试人员不但可以做产品测试,还可以做业务分析;业务分析人员既可以做业务工作也可以做市场部署。人人都可以随时转换角色,服务于整个团队。

可见,小团队很重要的一个特点是每个成员综合素养都很强。这些素养如表1-1所列。

表1-1 小团队成员综合素养

素养	具体内容
能力	学习新技能和掌握新知识的求知欲
看法	对于过去的经历和挑战是如何塑造人的态度、观念和行为的思考
沟通	能够并且愿意表达自己的想法和情绪
干劲	一种敢为的精神、一种强烈的职业道德、一种对成功的渴望
谦逊	包容、自知,尊重他人
灵活	摒弃一种想法或一种信仰,欣然接纳新的想法或信仰的适应能力
无私	愿意为他人服务,将真理及他人的利益置于自身利益之上

小团队的成员必须具有综合素养，不但能胜任自身工作领域，还能兼顾其他领域，包括快速反应能力、创新性、承受力强等。然而，这也引发了诸多新问题。

比如，成员频繁地转换角色，不时地做自己不擅长的工作，是不是有必要，会不会降低工作效率？让一个业务人员学习编程代码是不是有必要，会不会强人所难？产品研发人员有较强的编码能力，但是否需要具有同样水平的产品测试能力？

带着这样的问题，我们分析一下团队成员能力与效率可能冲突的问题。

从效率上看，再小的团队也应该是有分工的，分工后的重复性工作能提高劳动熟练度，从而提高工作效率。但是，小团队通常不会出现大量类似于流水线那样的重复性工作，大多数是以知识性和富有创意性工作为主。换句话说，它的核心问题是效果，而不是效率。

正如打字最快的程序员不一定是好的程序员，100行代码也不一定比1行更有价值。所以，有价值的程序员，重要的不是做什么，而是如何去做。这就是团队为什么要培养多面手，目的就是让成员充当不同的角色，打破知识壁垒，每个人都可以站在不同角度审视本职工作。很多时候，当做过超越本职工作之外的工作时，再回过头看"本职"工作，认知就会上升到一个高度。

案例5

比如，研发团队通常不以前端开发、后端开发和运营工作来设置岗位，而是要求开发人员都接触所有环节的工作。当有了全面了解之后，开发人员就不会出现因为没做过所以不敢碰的情况。

再比如，开发人员做产品测试，完成测试后会回归其工作，这有助于开发人员了解系统的整体；同时带去开发经验，不仅能在外部功能层次测试，还能深入代码挖掘，比专职的测试人员更能找到隐藏的缺陷。

小团队十分重视成员的成长，培养其综合能力，让其具有逐渐胜任某项新任务的跨领域能力，收获一批一专多能的多面手成员。这样的团队就像特种部队，人员虽少，但由于每个角色能力非常强，所带来的能量非常大。

1.3.4　资源聚焦，集中力量办大事

小团队的资源更容易聚焦，尤其是管理资源。因为团队管理很重要的一项内容就是解决成员之间的联系。当团队成员增加时，成员彼此间会产生千丝万缕的联系，而且成员通常具有不同的背景、技能和专业知识，形成多样化的团队，这促进了不同视角和思维方式的碰撞和融合，有助于创造性思维和创新，团队的整体协调成本就会相应增加。

一项研究表明，团队成员人数与成员间关系（连接点）是呈指数级增加的，具体如图1-7所示。

而一个大型企业，如果拥有6000名下属（与Facebook体量相同），那么将有17997000个连接点需要维护。

以上实验表明，每新增一名成员，团队整体工作效率确实会相

7名成员的初创团队拥有21个连接点需要维护

12人的团队将拥有66个连接点

60人的中型团队拥有1770个连接点

图1-7 团队成员人数与成员间关系（连接点）

应提高，但增长率却越来越低。换言之，7人小团队的资源聚焦程度要比大型团队高得多。所以，大型团队掌握的资源尽管很多，但增长率却不匹配。

连接点的急剧增加引发管理失误的可能性增加，此外成员相互误解与信息错误传达的可能性也相应增加。要让团队中每位成员都对工作内容知情、协调并整合所有人的工作进度需要投入大量的时间与精力，其中还可能产生滚雪球效应，信息在传达过程中被层层延迟。

资源聚焦使团队中所有资源都可以集中在最核心的项目或业务上，最大限度避免资源浪费、低效率运作，从而确保该项目或业务按时保质交付。

要想实现小团队资源的聚焦和高效利用，需具备5点能力，如表1-2所示。

表1-2 小团队资源的聚焦和高效利用需具备的能力

能力	具体内容
了解团队成员能力和兴趣	掌握团队每个成员的专业技能和兴趣爱好，有针对性地分配任务，提升成员的积极性和工作效率
分配合适的角色和职责	将团队成员的技能和特长与任务需求匹配，让每个人都能发挥自己的优势，形成协同效应

续表

能力	具体内容
建立高效的沟通机制	确保团队成员之间的沟通畅通无阻,减少信息不对称和误解,提高工作效率和配合度
设定明确目标和优先级	明确团队的工作目标和优先级,使团队成员明确自己的任务和贡献,避免资源分散和运作低效率的情况
持续学习和提升	鼓励团队成员保持学习和进步的态度,不断提升自己的技能和知识水平,以应对不断变化的工作需求和挑战

总之,合理规划、聚焦资源和高效利用团队成员的技能和时间,全能小团队可以更好地应对各种任务,提高工作效率和质量。

1.4 小团队人数规模与比萨原则

关于小团队成员数量的问题,一般只需遵循一个原则——比萨原则。该原则是由美国亚马逊创始人杰夫·贝佐斯提出来的,如图1-8所示,具体是指当团队在满负荷运转时,队员的食用量恰恰是两个比萨的量。如果两个比萨都不够,就说明这个团队人数偏多。

亚马逊创始人杰夫·贝佐斯提出:每个内部团队规模,应该控制在两个比萨饼能够满足的范围之内(一般为6~10人)

"两个比萨团队"最重要的不是规模,而是"适度职责"

图1-8 两个比萨原则

这个原则非常实用,比如,微软、亚马逊一些知名企业,遵循的都是这样的原则,即团队人数以刚刚吃完两个比萨为宜。

可能有人要问,两个比萨的量具体是指几个人?其实这里强调的不是规模,而是"适度职责"。

"两个比萨"表面上是讲比萨的量,其实更深层的意义在于控制团队成员的数量。所以,在实际应用中,并不是说所有团队都必须以"两个比萨"的量来衡量,可以是一个,也可以是三个。几个比萨不是最重要的,最重要的是适度,让团队保持专注,花最少成本,实现效益的最大化。比如,某团队设置搜索引擎营销(SEM)岗位,职责是通过赞助链接,降低成本获得更多利润。但具体设置时,不要过于注重数量,无论设置几位,都要以团队最终的效益最大化为基准,一旦正式上岗,就要将"适度职责"最大化。

一个小团队,控制人数是非常重要的,但控制的核心不是单纯地控制人数,而是要求这个人数最有利于团队的整体运营。因为人数一旦多了就会造成沟通困难,团队中的沟通是呈指数级增长,每增加一人,沟通难度就增加一个级别,同时,运营、决策效率也会降低。

第 2 章

搭台子：
组建小团队常用的组织结构

打造灵敏高效的小团队是大势所趋，越来越多的企业开启了小团队制。例如，华为的客户铁三角、海尔的小微、韩都衣舍的小组制。尽管称谓不同，但本质是一样的，从管控到赋能，从金字塔到扁平化。之所以表现方式不同，根源在于组织结构不同。

2.1 组织结构是小团队的"地基"

任何一个团队都是由各种不同岗位上的人，根据不同分工建立起来的。在团队组建过程中组织结构起着基础性作用，犹如房子的"地基"，地基不牢，未来的房子质量一定堪忧。无论是大型团队还是小团队在组建之前必须明确组织结构。

那么，什么是组织结构？

组织结构（organizational structure）是表明组织各部分排列顺序、空间位置、聚散状态、联系方式以及各要素之间相互关系的一种模式，是整个管理系统的"框架"。完整的组织结构包括3个元素，了解组织结构不但要了解各个构成要素，还必须捋清楚各要素之间的关系。

任何团队的存在都必须有配套的组织结构作支撑，而小团队的组织结构又不同于大型团队。为了更好地理解，下面结合两类组织结构进行分析，如图2-1、图2-2所示。

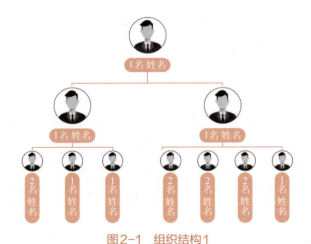

图2-1　组织结构1

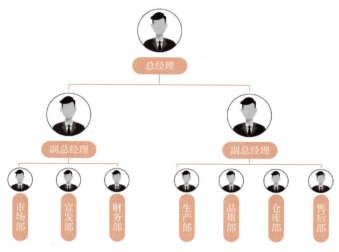

图2-2 组织结构2

图2-1、图2-2所示的两种组织结构是小团队组建中最常见的，图2-1以团队成员姓名、数量命名每个单元，图2-2是以各个部门名称命名每个单元。

以团队成员姓名、数量来命名，优势是可以明晰各个单元之间的关系，加上各个单元都标明了姓名、人数等，团队中其他成员都可以方便、快捷地清楚自己在团队中的位置，担任的职责及与其他成员的上下属关系等。

以部门名称来命名，优势是团队各部门之间的职能分工更明确，更有利于人岗匹配。组建团队要先确定部门分工，再进行具体的人员确定。

通过图2-1、图2-2，可以总结出组织结构图至少有3个基本构成要素，如图2-3所示。

这3个要素是画出组织结构图的基础，只有弄清楚这3个要素，才能准确地描述团队结构的组织细节、目标候选人需求及各个单元

图2-3 组织结构图3个构成要素

节点之间的关系。因此,确定组织结构之前需要对候选人进行全面了解,了解其职位、职责及与上级、下属、平级的关系。当候选人确定后,再以该候选人为中心,进行与其有关的上下左右关系的信息搜集,从而确定构建思路。

若有多个候选人,则需要以每个候选人为中心,继续按照前面的思路进行具体分析,通过逐层分析,可以把整个团队的组织结构完整画出来。

综上所述,团队规模不同,其性质结构不一样,但在本质上构成要素及各要素之间的关系是一样的。这才是决定组织结构不同的根本原因,无论画哪种组织结构图,需要先分析其构成要素,捋顺各要素之间的关系。

2.2 直线型结构

直线型结构是传统团队常用的一种组织结构,但由于结构比较简单,责任分明,命令统一,也常常运用于小团队组建的初期。通常由团队高层至基层，自上而下，类似于一条直线式的管理，下属只对直接上级负责，一个上级也只对自己的下属进行管理。

2.2.1 结构特点：简单高效

小团队不仅规模小，更重要的是功能集中，相互之间的关系垂直而高效。因此，小团队的组织结构链条更短，层级更少，一切不必要的中间环节都要砍掉。信息上传下达不需层层汇报，层层审批，能在内部处理的就在内部处理，需要上层处理的，可通过固定的通道直达，让上下属关系，各个岗位职责更明晰。

鉴于此，直线型组织结构成为小团队常用的一个结构。小团队之所以强调组织结构的垂直性，目的就是要让决策流程更加有效、高效，对外界变化的响应能力最大化，最大限度地让决策高效。

2.2.2 直线型结构的4个流程

直线型结构的工作流程呈一条直线。具体可以概括为信息的收集、决策、执行、结果反馈4个环节，如图2-4所示。

图2-4 直线型结构示意图

收集是搜集决策信息的过程，决策是管理者根据这些信息进行决策的过程，执行是执行者按照决策进行组织、生产的过程，最后是产生的结果被反馈至高层的过程，4个环节组成了一个完整的决策链条。

当然,这一结构想要在实际工作中发挥作用,还需要注意各个环节的具体操作。每个环节都有严格的要求,具体如下。

2.2.2.1 流程1:收集

即信息的收集,信息的背后是产品与服务,是团队管理者进行正确决策的必要支持,因此信息的获取在团队管理和决策中意义重大。

直线型结构的第一个环节是对信息的收集。这一环节非常重要,直接影响着后面的决策、执行和反馈,只有掌握充足的信息才能做出更好的决策,为执行打下坚实的基础。同时,也只有掌握了足够的信息,一旦得到问题的反馈才能及时改变策略,做出最符合市场需求、用户需求变化的决策。

在直线型组织中,对信息的要求非常高,收集的信息要及时、全面,最好是一线信息,而且信息收集人员能够在第一时间传递给团队决策者。很多企业中优秀的小团队为了保证信息在第一时间传递到决策者手中,就建立了信息收集者和决策者之间最短的信息传递链条,比如,让信息收集者参与决策,或者决策者本身就是信息收集者。

案例1

一家软件服务企业,为开拓新业务,需要掌握大量与市场供求关系有关的信息。该企业采用了最传统的方法,就是让市场人员、一线销售人员成为决策者之一,因为这部分人长期活跃在市场前沿,掌握着最有效的一线信息。

为了信息传递链条足够短,就让这部分人直接参与决策,部分决策更是以他们为中心，组建小团队，其他人员进行辅助和配合。经过这样的操作，以最短的信息传递链条保证了团队高效决策，最终也用最短的时间达到了预期目标。

通过上面的案例，可以得出这样的结论：收集到的信息必须是有效信息。那么，如何保证信息的有效性，通常来讲要符合如图2-5所示的3项原则。

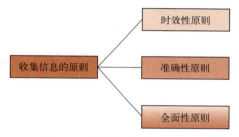

图2-5　收集信息的3项原则

（1）时效性原则

信息的利用价值取决于该信息能及时地提供，即它的时效性。信息只有及时、迅速地提供给它的使用者才能有效地发挥作用。特别是决策对信息的要求是"事前"的消息和情报，而不是"马后炮"。所以，只有信息是"事前"的，对决策才是有效的。

（2）准确性原则

该原则要求所收集到的信息真实可靠。当然，这个原则是信息收集工作的最基本的要求。为达到这样的要求，信息收集者就必须对收集到的信息反复核实，不断检验，力求将误差降到最低。

（3）全面性原则

该原则要求所收集到的信息要广泛、完整。只有全面地收集信息，才能完整地反映管理活动和决策对象发展的全貌，为科学决策提供保障。当然，实际所收集到的信息不可能做到绝对的全面、完整，因此，如何在信息不完整、不完备的情况下做出科学的决策是一个非常值得探讨的问题。

在遵守原则的同时，也需要保持灵活性。对于一个小团队而言，业务和定位决定着信息收集环节的具体工作。不同的业务和定位在很大程度上影响着团队组织结构环节的设置。当然，在不同的业务阶段要求也会有所不同，需要根据要求对具体工作进行调整。

2.2.2.2　流程2：决策

决策是直线型结构中的第二个环节，是整个结构中最关键的环节。决策质量的高低直接决定着整个团队工作质量的高低。

直线型结构对这一环节的要求是减少决策层级，越少越好。减少决策层级有两种方法：第一种方法是让信息收集者进入决策圈，这样可以减少信息传导的路径；第二种方法是授权。

下放权力，让基层人员也有一定的决策权，不必事事汇报。当然，也不能盲目授权。授权是为了追求层级减少，但作为团队管理人员时刻要明白，追求层级减少不是最终的目的，最终目的是追求决策流的高效。因此，向下属授权貌似很完美，实际上也存有极大隐患。因为决策权一旦下放，就意味着最高的决策者，有一些决策信息可能就无法接收到。如果信息有所缺失，尤其是关键信息缺失，那怎么保证决策的正确呢？

因此,授权不能盲目进行,至少需要有两个基础来做保障,详细内容如图2-6所示。

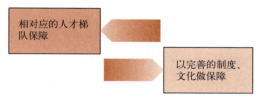

图2-6　授权的两个基础型保障

(1) 相对应的人才梯队保障

众所周知,授权非常讲究技巧,不是所有的人都适合授权,对被授权的人是有一定要求的。被授权的人必须得能做决策,敢作决策,并且敢于承担结果。而能做决策就要求被授权者有一定的专业能力和经验,敢作决策和承担结果就要求被授权者有一定的组织和解决问题的能力。

这就需要做好相应的人才梯队建设。所谓人才梯队建设,就是当现在的人才正在发挥作用时,未雨绸缪地培养该批人才的接班人,做好人才储备,当这批人才变动后能及时补充上去和顶替上去。

小团队由于人数较少,所以人才梯队建设相对简单,一般从新下属、老下属、管理者3个维度进行。不同维度建设的关注点不同,建设方法也不同。具体如表2-1所列。

表2-1　小团队人才梯队建设

维度	关注点	建设方法
新下属	技能提升	带岗培训、线上线下专业学习
老下属	职业机会	职业培训、职业规划、物质和精神激励
管理者	综合能力	带团队能力、管理能力、团队创新、文化创新

（2）以完善的制度、文化做保障

有效授权还需要有制度和文化做保障。高层管理者将手中权力下放，事实上就是实现团队管理从"人治"向"法治"的转变。授权的基础是制度，重要权力的授予必须通过制度予以保障。

如果说制度是推动授权实现的硬性保障，那么文化是保证授权有效落实的重要措施。团队文化建设的核心是打造下属共同的价值观体系，也就是说，在团队上下形成对大是大非的一致的判断标准。

制度是硬性的，可以把过往的经验固化下来，固化成流程、固化成系统，让所有人在决策的时候也有保障。制度解决不了的问题，那就依靠文化来提供支撑，文化是团队共同的认知，是更内在的，具有更高层次的约束力，可以指导团队的决策方向。

由此可见，做好决策环节工作，核心是正确授权。而正确授权一是要有相对应的人才梯队做保障；二是要有制度、文化做保障，否则就会东施效颦，适得其反。

2.2.2.3　流程3：执行

以直线型结构构建的团队，在执行上是非常占优势的。直线型结构在执行上主要表现为以下3个特点。

（1）单一指挥

直线型组织结构比较简单，责任与职权明确，每个人有一个并且只能有一个直接上级，每个下属只向直接上级负责，上下属之间形成明确的指挥关系。指令和决策从上级传达到下属，下属执行并向上级汇报。

（2）简洁明确

直线型组织结构的职责和权力划分相对简单明确，每个人在组织中担任特定的角色和职责，便于管理和控制。

（3）快速决策

由于决策权集中在上级，直线型组织结构可以实现快速决策和执行。下属只需按照上级的指示行动，减少了决策的层级和复杂度。

2.2.2.4 流程4：结果反馈

在管理中，反馈是非常重要的，反馈与执行是一个完全互逆的过程，所以两者一样重要，当高层将决策传递至基层后，基层也必然会将执行情况反馈给高层。但直线型结构是一个自上而下的一条线运作模式，在从高层到基层的决策层面有很大的优势，而在从基层到高层的反馈层面信息流动较少，可能会造成信息传递不畅或信息滞后。

在小团队中，信息是一个完整的闭环链条，反馈作为其中一环不可或缺。那么，在小团队中，团队管理者如何弥补这一环节的不足呢？可以采用如图2-7所示的3项措施。

图2-7　团队管理者弥补反馈不足的措施

（1）帮助下属克服对反馈的恐惧

对于大多数下属来说，向领导提供反馈是很困难的。原因有两个，第一个原因是害怕反馈信息对领导不利，遭到报复。

有些下属给领导反馈的是负面信息，不免担心领导报复。因为直线型结构的小团队仍是一个以权力为导向的组织，权力自上而下，集中于高层，而后层层递减，到基层后其实已经几乎没有任何权力。在这种情况下，基层下属向管理者的反馈会变得更糟。其实，这种担心很正常，在企业中不少管理者确实会对负面反馈做出负面反应。

第二个原因是下属认为自己提供的反馈会被领导忽略。小团队的氛围相对开放，在信息反馈时间、地点上会刻意选择在非正式场合，比较轻松的环境中进行，如果领导没有及时作出反应，或者没有持续地讨论和确认反馈的内容，就会让下属感到领导忽略了自己的反馈。

鉴于以上原因，很多下属不愿意或者不会主动向领导反馈信息，为了使反馈发挥有效的循环作用，作为小团队管理者必须帮助下属克服恐惧，树立正确的心态，养成随时反馈的习惯。

（2）建立给予和接受反馈的文化

要想养成良好的反馈习惯，必须在团队内部建立一种给予和接受反馈的文化。管理者可以通过一些实际行动来证明每个人的意见都很重要。

例如，找一两个勇敢的下属先发言。一旦他们这样做并得到积极的反应，其他人就会感到可以做同样的事情。

再例如，安排定期的一对一反馈会议，鼓励下属分享任何问题。然后,根据反馈的意见和建议作出积极的改变。假如管理者真可以从自我改变做起,作为下属就会立马发现坦诚的反馈是安全的,甚至受到鼓励。

不过,这需要花很长的时间,不能急于求成。

(3) 掌握与下属沟通的必要技巧

文化制度是宏观层面的,此外,还需要做好微观层面的工作。因为很多时候,即使创造了一种积极反馈的文化,有些下属仍然难以分享他们的意见。这时,就需要团队领导者积极地引导,耐心地沟通,让下属敞开心扉。

比如,以提问的形式,积极主动地寻求反馈,如表2-2所列是可能用到的一些问题。

表2-2 与下属沟通的提问技巧

问题	具体内容
1	我怎样才能为你提供更多发展专业技能的机会
2	如果你是经理,你如何为我们团队提供专业发展
3	我们当前的工作流程或流程中是否还有可以改进的地方
4	你与同事的关系如何
5	你对在这里的工作总体上满意吗
6	你如何看待五年后的职业生涯
7	你认为公司哪些政策可以改进

需要注意的是,在寻求反馈时有些事项要谨记。

第一,多采用开放性问题,尽可能避免答案"是/否"的问题,同时,在下属回答问题的过程中,管理者需要作出相应的反应,追加一些问题,引发下属的思考,最后聚焦到每位成员的期望上。

第二,充分考虑团队成员的沟通偏好。有的喜欢一对一面谈,而有些却喜欢一对多的会议。在这些情况下，管理者可以向下属提出问题，并促使他们进一步思考，给予充分的思考时间，避免他们"怯场"。

第三，要向反馈信息的下属保证，所反馈的信息一定会保密，这也是最容易忽略的。保密会给反馈的下属更多的心理安全感，让他们感到，不会因为自己的积极参与，而被外界过分关注。

2.2.3 直线型结构的3种延伸形式

直线型结构的优势是层次简单、责任分明、命令统一，特别适合规模小、业务单一的小型团队。但缺点也是显而易见的，即要求负责人通晓多种知识，拥有综合性技能，并能够亲自处理各种业务。当所有工作都集中在高层一人或几人身上时，工作效率就会大大降低。

（1）直线-职能型结构

针对以上直线型结构的劣势，组织体系不太完善，或控制力较弱的小团队就不能采用。为了弥补这种缺陷，在结合直线型结构优势的基础上，优化出一种介于直线型和职能型之间的结构：直线-职能型，也叫生产区域制、直线参谋制。

直线-职能型结构示意图如图2-8所示。

直线-职能型结构是建立在高度"职权分裂"的基础上，既保证了团队管理权的高度集中，又可以在各级行政负责人的多人领导下，充分发挥各专业职能机构的作用。

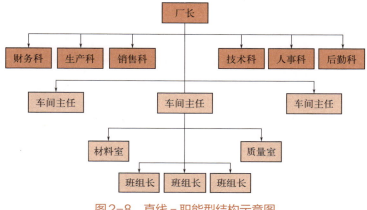

图2-8　直线-职能型结构示意图

这种结构将管理机构分为两类：一类是直线领导机构，负责对各级部门行使指挥权；另一类是职能机构，结合分工和专业所长，从事各自范围内的管理工作。这两类机构虽然同属管理部门，但工作侧重点不同。直线领导机构在自己职责范围内，有一定的决定权和对下属的指挥权，并对自己的工作负全部责任。而职能机构则是直线指挥人员的"参谋"，只能进行业务指导，无法对下属发号施令。

（2）事业部型结构

直线-职能型组织结构，由于事事需要向上级领导报告、请示，因此，容易造成上层领导工作量的积压，办事效率低。为了应对这些缺点，可以设立相对独立的事业部型组织结构，目的是起到沟通各方的作用，为高层领导出谋划策。

事业部型结构是高度集权下分权管理的产物，具有分级管理、分级核算、自负盈亏的特点。比如，一个公司按地区或产品类别可以分成若干个事业部，每个事业部相当于一个"小团队"，贯穿产品的生产设计、原料采购、成本核算、产品制造、产品销售等各个环节。

每个事业部及所属实行单独核算，独立经营，总团队只保留人事决策、预算控制和监督大权，具体工作全部下放给各个事业部，独立完成。这种结构类型适用规模大、品种多、流程复杂、下设多个事业部（小团队）的大型企业。

案例2

事业部型团队起源于通用公司，是其第七代总裁斯隆发明的。通用汽车下辖多个品牌，如别克、凯迪拉克、科鲁兹、雪佛兰等，涵盖高、中、低端。为了让这些品牌能够更好地适应不同的市场需求，斯隆把各个品牌分成相应的事业部，别克有别克事业部、凯迪拉克有凯迪拉克事业部、雪佛兰有雪佛兰事业部。事业部作为一个相对独立的组织，好处是内部沟通畅通，外部能充分地以市场为导向，以用户为导向。

事业部型结构的劣势是各部门之间容易"各自为政"，有些企业下设多个事业部，甚至事业部下还有更小的事业部。如客户事业部，按照客户的年龄、收入、地区等还可以细分。部门林立，造成的结果就是相互协作更加困难，为客户提供产品或服务很难做到统一。另一个结果是每个事业部岗位设置可能会重复，造成人员冗余和资源重复，如每个事业部都会设置人力资源、设计、研发、销售等主要岗位。

（3）模拟分权型

针对事业部的劣势，又延伸出一个介于直线－职能型和事业部型之间的形式——模拟分权型。即模拟事业部型独立经营、单独核算的特点，而又无法形成真正意义上的事业部。它们只是一个个"生产单位"，这些"生产单位"尽管有自己的职能机构，享有尽可能大的自主权，负有盈亏责任。但由于各个环节之间存在必然的连续性，又很难完全分开，成为独立的事业部。

以石油化工企业为例，甲单位生产出来的"产品"直接成了乙生产单位的原料，这当中无须停顿和中转。因此，它们之间的经济核算，只能依据企业内部的价格，而不是市场价格，也就是说，这些生产单位没有自己独立的外部市场，这也是与事业部的差别所在。

2.3 扁平式结构

企业组织结构的理论发展大致有两个阶段。第一阶段是基于亚当·斯密的分工理论，从理论提出到20世纪80年代，这一阶段的组织结构是精英价值形态下传统企业，强调高度分工，组织结构庞大，关系错综复杂。第二阶段是自90年代始，组织结构逐渐扁平式，这一阶段强调客户价值，以简化组织结构，减少管理层次为主要特征。

2.3.1 结构特点：自由度、灵活性高

小团队需要的是自由度、灵活性更高的扁平式结构。以扁平式结构建立起来的团队，是一种通过破除自上而下的垂直结构，减少管理层次，增加管理幅度，裁减冗员而建立一种紧凑的横向组织。优势是组织更灵活、敏捷、富有柔性、创造性。它强调的是整体

性、系统性。核心是管理层次的精减,管理幅度的增加与分权。

扁平式结构示意图如图2-9所示。

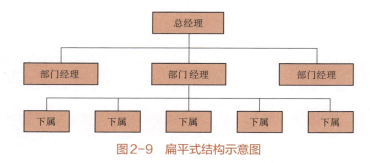

图2-9 扁平式结构示意图

综上所述,可以总结出扁平式组织结构具有如表2-3所列的特点。

表2-3 扁平式组织结构特点

特点	具体内容
以工作流程为中心	在扁平式组织中,职能部门的职责被大大淡化。团队结构围绕有明确目标的工作流程而建立,而不再是职能部门
纵向管理层次简化	纵向管理层次的简化至扁平式要求企业的管理幅度增大,简化繁琐的管理层次,这在一定程度上削减了中层管理者的权力和地位,使团队指挥链条最短
资源和权力下放基层	基层下属与客户直接接触,使他们拥有部分决策权,从而避免客户反馈信息向上级传达过程中的失真与滞后,大大提高服务质量,快速地响应市场的变化,真正做到客户满意
实行目标管理	在下放决策权给下属的同时实行目标管理,以团队作为基本的工作单位,下属自主决策,并为之负责
信息传递方式多元化	企业内部通过使用电子邮件、办公自动化系统、管理信息系统等网络信息化工具进行沟通,大大提高管理幅度与效率

现在许多小团队开始简化原有的组织结构,向扁平式转变。因为相当一部分管理者发现随着团队规模的扩大,决策层到现场的等级链变得越来越长,以至于管理者很难把握基层的实际情况。引入扁平式结构后,所有部门的经营情况都会变得一目了然,正所谓"玻璃般透明的经营"。

2.3.2 扁平式结构的优势

扁平式结构孕育出扁平式的团队,是在传统职能型组织的基础上,改造出的一种新组织形式,极大地弥补了职能型组织中信息传递滞后、管理低效,上下属关系时常被阻断的缺陷。

2.3.2.1 优点1:精减层级

职能型组织就像金字塔,如图2-10所示,塔尖是团队最高领导,中间有中层管理者,最底层是基层人员。最高领导在市场信息、客户需求的获取上存在着先天不足,再加上一级一级的低效传递,最终一线工作人员接收到的信息非常有限;同时,基层人员向上反映客户需求的渠道也比较单一,无法有效地传递到最高层。

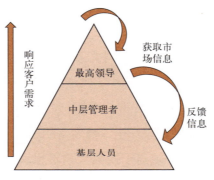

图2-10 传统科层级结构

职能型组织的科层级结构会大量屏蔽信息的流通，加大组织内外部的风险。扁平式结构通过减少管理层次，增加管理幅度规避了这一风险。当管理层次减少，管理幅度增加时，金字塔状的组织结构就被"压缩"成倒三角形，如图2-11所示。

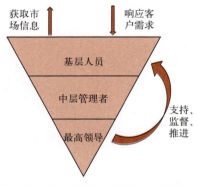

图2-11 倒三角形的扁平式结构

扁平式结构层级减少，与职能型组织的科层级结构正好相反，呈倒三角形。将基层人员置于前端，最高领导退居幕后，减少中层管理层级，从而极大地提升了管理效果，消除了等级带来的信息压抑，有效激发了基层人员的积极性和创造性。现在很多企业都在提倡下属要积极主动，富有创造创新精神，基于同一个目标参与到工作中去。

美国作家奥里·布莱夫曼在伯克利大学做过一个有趣的实验。他召集一群大学生，并在每位学生额头上贴一张扑克，分别代表其职位，A最大，代表CEO，2最小，代表最基层的人员。每个人自己看不到头上贴的扑克，但能被他人看到，而且相互之间不允许告知。

然后，布莱夫曼设置了一个人员聚餐的场景，大家可以任意交流。结果是大部分人都倾向于找头上贴着代表高职位扑克的人聊天，而且语气也非常好。头上贴着2、3的人就难受了，几乎没人愿意与他们说话，即使说话也是居高临下者居多，比如你要好好工作什么的，但是这怎么叫聊天呢？

聚餐结束后，布莱夫曼让所有人根据自己对看到的扑克估算自己的职位，并谈自己的感受。尽管在场的学生们不清楚自己头上的牌是什么，但通过交流能够感觉得出自己在群体中的地位。头顶JQKA，特别是A（CEO）的人，觉得这个游戏特别有意思，因为人们争先恐后和他说话，而且都带着"尊称"，有很多人捧场，说话也不会被打断。而头顶着2或3的人，最想做的事情就是不说话，因为别人不愿意理他们。

这个实验说明，在一个等级分明的组织里，权力的不对等决定了信息的不对等。头上贴着扑克2、3的人是不愿意与头顶扑克A的人进行主动沟通的，即使发现问题，也不愿意讲出来。

虽然这只是一个实验，但反映出一个事实。即在一个开放的组织里，人们对等级是非常敏感的。这就需要采用扁平式结构组织，弱化上下属的层级观念，打破信息障碍。正如经验管理理论之父法约尔所说：层级越多，信息传递效果越差，越容易失真，导致的直接后果就是执行力被弱化。而采用扁平式结构就会最大程度规避这一弊端。扁平式结构精减层级的优势主要体现在下面3点。

（1）对于灵活性要求更高

扁平式组织结构能快速响应市场变化或下属需求变化。因为只有少数管理人员，从上至下传达，决策反应迅速，不需要经过层层的决策程序，这种敏捷性有助于组织快速适应市场。

（2）激励下属积极性

在扁平式组织结构中，下属的工作职责和任务明确，在更广的层次上参与决策和规划，因此下属感觉自己有责任感和信心，并更有动力去行动。

（3）降低管理成本

扁平式组织结构只有少数管理人员，相比传统的层级式组织，可节约不少的管理成本，同时节约了人力和物力。

2.3.2.2 "精减层级"的含义

小团队由于业务单一，层级简单，适合采用扁平式结构。因此，精减层级也是小团队最直观的特点。

在这里需要提醒的是，精减层级不是组织层级简单的减少，而是更合理地进行分配。比如，海底捞是被外界公认的扁平式组织结构，但层级并没有减少。以基层人员的升迁为例，要想升到大区经理，要经历领班、大堂经理、店经理、区域经理，然后才能到大区经理。

扁平式结构中的精减层级，本质上是"信息层级""决策层级"的精减，而组织结构层级的精减，只是组织扁平化的一个方面。

（1）信息层级精减

衡量一个团队的结构是否足够扁平，最主要的参考指标是信息传递效率。如果是高层，要看一条信息传递至基层的转化率是多少；如果是基层，就要看高层的信息，你是通过什么渠道获得的？是CEO、部门领导、直接上级、平级同事，还是外部媒体？

职能型结构下的团队，内部都容易形成一个个隐形的信息圈子。如果把团队看成一个信息漏斗，信息从掌握最关键信息的高层到基层下属要经过多个圈子，每经过一个圈子，信息的转化率都会逐步降低，当达到最基层时有价值的信息已经被过滤掉很多了，有些信息甚至只限在某个圈子范围内传播，无法传递至最底层。

以上是从上至下的信息传递，下面再看看从下至上的信息传递。

基层发出的一条信息，或者用户反馈，或者一个产品建议，或者一句抱怨，想让CEO知道。最理想的是直接与CEO交流，但很少有这样的渠道，当通过小组主管、部门经理或总经理等层层渠道后，信息估计大变样。换句话说，CEO不会知道你的信息。

对资源的掌控力度决定着阶层，资源越多阶层越高。信息也是一种资源，而且是越来越重要的资源，它需要在团队内部充分传递，才能发挥其作用。从这个角度讲，扁平式结构可以最大限度地促进信息的流动，从上至下，或从下至上的极限传递，传递率接近100%。即使有时候层级很多，但只要高层和基层建立起畅通的沟通渠道，那信息价值在某种程度上也可以发挥出来。

（2）决策层级的精减

当处于塔尖的最高领导发出一项指令或做出一个决策时，往往是先到中层管理者，再到基层人员，从塔尖到底层，层层传达；反馈也是，基层的意见和建议必须先到中层，经筛选后才能到达高层手中，程序繁琐，效率极低。

扁平式组织决策链条更短，换句话说就是决策权不仅仅掌握在高层手中，基层人员也拥有职责范围内的决策权。比如，海底捞的服务员可以直接给客人免单，店长可以直接决定选址。基层人员拥有决策权主要体现在如图2-12所示的两个方面。

图2-12 基层下属拥有决策权的体现

2.3.2.3 优点2：分权

扁平式结构一个重要的特点是分权，以该结构为基础的团队分权程度比较高，相当于把很多决策权下放，特别是下放到一线员工手里。这样的好处是当市场发生变化时，一线员工率先察觉到，同时也有足够的决策权，就可以马上在他权力范围内做出反应、做出应对，没必要再去向上级请示，所以这种类型结构对市场变化的反应速度是非常快的。

但这成了团队转型的难点，分权意味着高层的权力被削弱，基层的权力进一步加大。很多团队的领导，或高层舍不得放权，只做形式上的改变，不做实质性的革新。以笔者的亲身经历为例。

案例3

一次，某老板带着团队几个主要成员拜访我，这位老板很高兴地告诉我，他正在按照我们所提倡的扁平式组织模式变革自己的团队。

但在深入交流后，我发现他没有真正构建起扁平式组织。这是因为我问了他一个问题：

"如果团队内部意见不统一，你会如何解决？"

没想到他直接回答："当然是我说了算。"与此同时，其他成员都未说话。

从这个问题中,判断出他并没有真正构建起扁平式的组织。

可见,这个团队只是在形式上是扁平化组织,事实上依然是老板一个人说了算,并没有真正放权。这也是今天很多团队想转为扁平式组织,而又无法成功面对的最大挑战。团队中的掌权者不愿意成为下属、用户的"服务者",哪怕机构臃肿、流程烦琐、效率缓慢,也不愿意将权力放下去。这或许是人性使然,所以构建扁平式组织,关键在于管理者自己能否真正转变思想,去改变自己,敢于下放权力。

不愿意放权,是因为害怕分权后,下属掌握过多,导致自己对团队失控,这种担忧是多余的,因为放权不等于撒手不管。而是将重点放在监督执行上,更需要深厚的管理能力,掌握更多的管理技巧。具体可以采取如表2-4所列的措施。

表2-4 规避放权弊端的措施

措施	具体内容
明确权责边界和目标	清楚地定义各个层级在决策和责任上的边界和范围,为各级下属设定明确的工作目标和期望,使他们能够对自己的决策和行为负责
提供培训和发展机会	为下属提供必要的培训和发展机会,使他们具备相应的决策能力和技能。这将增加他们的自信心和能力,使得他们更有能力承担更多的决策权
建立有效的沟通渠道	确保信息流通畅,建立开放透明的沟通渠道,使下属能够随时分享意见、反馈和建议。这样可以帮助下属更好地参与决策过程,并增加他们的影响力
增强激励机制	设计激励机制,鼓励下属主动承担更多的决策权和责任。例如,通过奖励制度、晋升机会等方式,激励他们主动参与决策并取得良好的业绩
建立协作和支持的文化	营造一种协作和支持的工作氛围,鼓励下属之间互相合作和支持,分享经验和知识。这将帮助下属更好地承担决策权,并增强整个团队的绩效

同时，需要注意的是，管理者在下放权力时，要根据团队需求和具体情况，灵活调整权力的下放程度，做到收放自如，还要平衡自由度和责任之间的关系。

2.3.3 扁平式结构的劣势

采用扁平式结构的最终目的是通过组织的扁平化实现玻璃般透明的经营，加强组织成员间的信息交流、加快决策速度，从而提升整体的经营节奏。但是，这类结构也有不足之处，横向管理幅度的过度扩张有可能会超出管理者的管理能力。

在这种情况下，虽然决策层和基层的距离缩短了，但极有可能会出现部门之间横向调整困难，信息流通不畅。

扁平式结构的劣势具体表现在如图2-13所示的3个方面。

图2-13 扁平式结构的劣势

（1）导致过度分权

扁平式组织结构会导致管理者权力越来越少，决策过分依赖于基层人员。当能力与职位不匹配，就可能导致决策不明。

（2）效率难以维持

在扁平式组织结构中，下属负责从最高层到最底层的许多任务,这意味着他们需要掌握大量的工作信息和承担较大的责任。下属可能会变得不专业,使得上层管理者或者整个公司的效率会有所降低。

(3)容易导致协调问题

在扁平式组织结构中权力分散,组织成员容易发生扯皮或有分歧。例如,当不同组织部门或个人都采取为自己最优的策略时,组织中各方利益相互制约,导致很难达成共识。

所以,组织架构的划分不能简单照搬照抄,而是要结合团队的战略因地制宜,真正发挥出团队的组织力。

2.4　矩阵式结构

矩阵式结构也称为非长期固定性组织结构,是一种十分常见的组织结构,是在垂直形态组织系统的基础上,再增加一种横向关系的组织结构形式。

2.4.1　矩阵式结构示意图

矩阵式结构是为了弥补扁平式结构横向联系差,缺乏弹性,而形成的一种组织结构。它的优势是让团队更专注,围绕某项特定任务,成立跨职能的专门机构,是专门从事某项工作的工作小组。

矩阵式组织以项目为导向,由职能部门系列和完成某一临时任务而组建的项目小组系列组成,并设置了项目负责人。有了直接对项目负责的人，从而使责任更加明确。矩阵式结构示意图如图2-14所示。

职能团队1
职能团队2
职能团队3
项目团队1
项目团队2
项目团队3

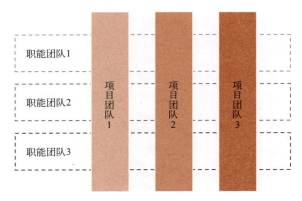

图2-14　矩阵式结构示意图

图2-14中横向的“职能团队”又叫“虚线团队”，纵向的“项目团队”又叫“实线团队”。在实际操作中通常以实线团队为主，虚线团队为辅，纵横交错形成一个矩阵，横向可扩展，纵向可延伸。

如果团队规模大于10人，并且希望以最高效的方式实现项目交付，不妨采用矩阵式组织结构。该结构优点很多，能让团队更加专注，而且整个扩展性也非常强。具体优势如图2-15所示。

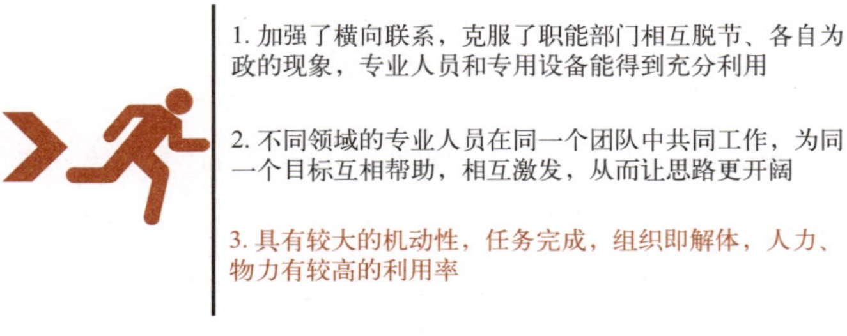

1. 加强了横向联系，克服了职能部门相互脱节、各自为政的现象，专业人员和专用设备能得到充分利用
2. 不同领域的专业人员在同一个团队中共同工作，为同一个目标互相帮助，相互激发，从而让思路更开阔
3. 具有较大的机动性，任务完成，组织即解体，人力、物力有较高的利用率

图2-15　矩阵式组织结构的优势

2.4.2 横向职能团队

横向职能团队是根据团队成员不同的专业技能而划分的团队。每个团队称为一个"小分队",每个小分队配备一名负责人,同一人不能担任多个小分队队长。主要职责是帮助队员们在专业技能上得到成长,为职能团队赋能,将专业技能聚焦。比如,互联网产品的研发团队,可以分为,前端小分队、后端小分队、测试小分队、运维小分队等。

当然,有时候可根据团队的实际情况,灵活划分,划分出更有特色的职能小分队。仍以互联网产品的研发团队为例,除了前端、后端、测试、运维这类职能团队以外,还可以搭建更有特色的职能团队,如技术委员会。委员会成员可以是来自前端、后端、测试、运维等小分队成员,也可以非小分队成员,但人数一定要控制,非常精减。能够加入技术委员会的人,必须是团队中技术水平最高的。技术委员会中设置一名"技术主席",他是整个技术委员会的权威,拥有最高的技术决策权,其他成员统称为"技术委员"。他们都是"技术专家",而技术主席是"首席技术专家"。

如果团队中其他队员希望加入技术委员会,就必须得到委员们的一致认可,主席拥有最终决策权。加入的过程可能需要笔试或面试,或者也可以增加一些投票环节。

特色的小分队,除了技术委员会以外,也可以设置产品委员会、设计委员会。由于负责的业务不同,委员会的职能也不同,产品委员会中的成员往往都是产品经理,当然也可以是具备产品思维能力的工程师;设计委员会中的成员一般都是设计师,同样也包括对设计感兴趣的伙伴们。

综上所述，接下来可以绘制出横向职能团队组织结构图。具体如图2-16所示。

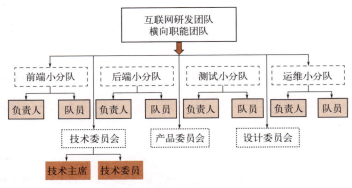

图2-16 互联网研发团队横向职能团队组织结构图

可见，横向职能团队大致包括两种：一种是常规团队，如"小分队"形式；另一种是特殊团队，如"委员会"形式。两种形式都由一名负责人和若干队员组成，负责人是所在职能团队的核心，首要职责是帮助成员们在专业性方面得到提升，从而提高整个职能团队的战斗力。队员是具体的执行者，都有自己的职责。

需要注意的是，职能团队负责人不能空降或任命，而是由团队成员共同选举，通过匿名投票，选出自己心中认为最称职的团队负责人。如果负责人在任期内，无法改善自己所负责的团队，队员又想让团队能得到成长，队员也有权利选择其他人接任。

2.4.3 纵向项目团队

矩阵式结构除了在横向层面搭建职能团队外，还需要在纵向层面搭建一些项目团队。横向职能团队关注的是人员的成长，纵向项目团队关注的是项目落地，目的是确保这些项目团队是可以并行工作的，也就是说，保证工作的彼此隔离，互不干扰。

下面结合一个互联网产品项目的研发、试用、上市等工作，继续剖析如何搭建纵向的项目团队。

案例4

一款互联网产品的面世，是多个环节工作密切配合的结果。尤其是研发、业务两个领域，需要反复校验。比如，在业务发展过程中，会存在一些实验性工作，业务团队就希望研发团队能够快速给出产品方案，以最快的速度上线且投入市场，通过试错来验证业务的意义。研发团队也希望快速响应业务的变化，以提高产品和技术的价值。

这种情况下就需要搭建一个称为"功能团队"的组织，该组织的成员将面向业务中实验性的新功能进行快速开发，并确保这些功能可以尽快上线，但在质量上不能打折扣。

同时，为确保已经上线的产品功能在业务上不断磨合，要跟踪已经上线的产品功能，并通过用户反馈来驱动产品持续迭代优化，还需要搭建一个称为"效率团队"的组织。

功能团队的职责是实现产品的从0到1，效率团队的职责是实现产品的从1到100，示意图如图2-17所示。实验性的工作一般交给功能团队来研发，优化性的工作一般交给效率团队来跟踪。当功能团队所负责的项目上线后，他们会将该项目交接给效率团队，随后效率团队将对功能团队的交接情况给出评价，评价结果将影响功能团队的绩效考核成绩。

图2-17 功能团队和效率团队的关系

有的时候为满足业务的发展需求，在坚持主营业务的同时，还需要开创一些创新性业务。这些新业务将会为企业带来更多机会，为此，也有必要搭建一个"创新团队"组织。

鉴于以上情况，一个比较完善的项目团队组织结构轮廓就描述出来了，具体如图2-18所示，每个项目团队也可根据实际情况，划分多个项目小组，每个项目小组也可设置其负责人。

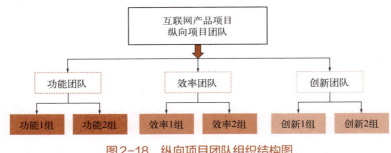

图2-18 纵向项目团队组织结构图

需要注意的是，由于项目周期是不断变化的，因此每个小组的负责人也是动态的，可以由项目团队负责人直接担任，也可以由项目团队负责人授权一名团队成员来担任，但项目团队负责人需要为项目最后的结果负责。

另外，队员的选拔也十分重要。功能团队的队员要求有较高的技术实现能力，尤其在做新功能的时候，需要考虑对整个系统结构的影响，不仅需要有较高的效率，同时还需确保较高的质量。效率团队的队员要求有较高的业务理解能力,当需要对产品现有功能进行优化时,需要通过业务反馈和数据表现做出正确的判断,以更好地指导下一步工作。

2.5 同心圆结构

同心圆结构是扁平式结构中延伸出的一种结构形式,虽然实际应用比较少,但被认为是,最有望取代金字塔结构的结构之一,也被认为是未来构建全能型小团队必然会用到的一种结构。

2.5.1 同心圆结构示意图

全能型小团队的核心是用户,无论做什么,还是如何做,都是围绕用户需求来做的,而同心圆组织的核心恰恰也是用户,以用户为中心向外辐射,提升用户价值。

同心圆组织把面向用户的业务部门(事业部门)画成"小圆",若干分部门是围绕着小圆的大圆,企业各种利益形成的脉络则是连接大圆和小圆的线,宛若一个同心圆。同心圆组织结构示意图如图2-19所示。

由此可见,同心圆结构是一个以业务部门(事业部门)为中心,由各个不同利益部门环绕组成的结构。在这一结构中,中心是"用户",外围的每个点相对独立,但根本目的是一致的,那就是成就用户。正是"以用户为中心"这个无形的"结"将各个部门连接起来,组成共同体。

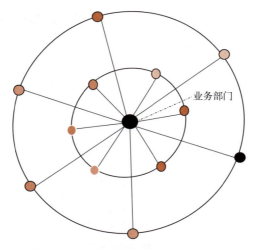

图2-19 同心圆组织结构示意图

案例5

阿里巴巴是我国最大的电商企业,而它的组织结构却非常简单——同心圆组织结构。即以事业部为核心,打造若干个分部门,总事业部与分部门之间是隶属关系;分部门与分部门之间是相互独立的。

2013年1月10日,阿里巴巴宣布对集团现有业务架构和组织进行调整,成立了25个事业部,具体业务将由各事业部(总经理)负责,如表2-5所示。

表2-5 阿里巴巴的25个事业部

负责人分管数	部门名称
4	共享业务事业部、商家业务事业部、阿里妈妈事业部(展示广告、P4P、淘客联盟)、一淘及搜索事业部
4	天猫事业部、物流事业部(天网)、良无限事业部、航旅事业部

续表

负责人分管数	部门名称
5	类目运营事业部、数字业务事业部、综合业务事业部、消费者门户事业部、互动业务事业部
3	无线事业部、旺旺与客户端事业部、音乐事业部
2	聚划算事业部、本地生活事业部
4	数据平台事业部、信息平台事业部、云OS事业部、里云事业部
1	B2B中国事业部（CBU）
2	B2B国际事业部、B2C国际事业部

随后，马云向全体下属发出信件，在信件中表示，本次组织变革方向是把公司拆成更多小事业部，希望各事业部不局限于自己本身的利益和关键绩效指标（KPI），要以整体生态系统中各种群的健康发展为重，真正使生态系统更加市场化、平台化、数据化和物种多样化，最终实现"同一个生态，千万家公司"的社会商业生态系统。

马云的信件很好地诠释了同心圆组织结构的特点，核心部门是"小圆"，若干分部门是围绕着小圆的大圆，企业各种利益形成的脉络则是连接大圆和小圆的线，宛若一个同心圆，这也成了很多企业组建团队模式的一个标准。如果将这种模式比作一棵茂盛的大树，核心部门那就是树干，只有一个，是真正支撑起这棵大树的主要力量；大树上有众多叶子就是分部门，一级一级向外扩展，构成发达的多层枝系。这种互相依存的关系，是同心圆组织结构模式的形象写照，而决定这一互相依存的根本，是以产品为代表的企业利益。

简而言之，同心圆模式就是以某用户为中心，由各个不同利益的部门而组成的体系。就电商企业而言，包括企业、供应商、各地批发商、经销商，以及二级、三级零售商。在这一庞大的体系中，每个环节上的主体是相对独立的，但根本目的是一致的——在于获取利润。正是利润这个无形的"结"将各个部门连接起来，组成利益共同体。

2.5.2　一个中心点：用户

同心圆的组织架构，最大的意义在于为用户带来更好的服务。团队中每一个人都必须以用户为导向，进行自主管理，从而构建一个能够应对各种不确定因素的敏捷型数字化组织。

"以用户为中心"，很多企业喊了很多年，几乎每个企业都认为自己是以用户为中心的，至少从来没听到哪个企业说过他不是以用户为中心的。道理都懂，但为什么在实践中就走了样，无法快速实现对用户的响应呢？主要问题出在企业的组织架构上。

比如，传统的职能型、金字塔形组织结构就不是以用户为中心，而是以企业高层领导或管理者为中心，引导组织中所有人都向上看。

以大多数企业用的金字塔组织架构为例进行反向说明。如图2-20所示是金字塔组织架构，第一层次是高高在上的企业经营者；第二层是一个固定不变的组织架构，有部门1、部门2、部门3、部门4……把它们叫作组织；第三层是职位，每个组织设定了若干个职位，有职位1、职位2、职位3……这又形成了组织决定职位。职位在干什么呢？执行工作任务。这时候我们又看到了任务1、任务2、任务3……任务的连接过程是流程。

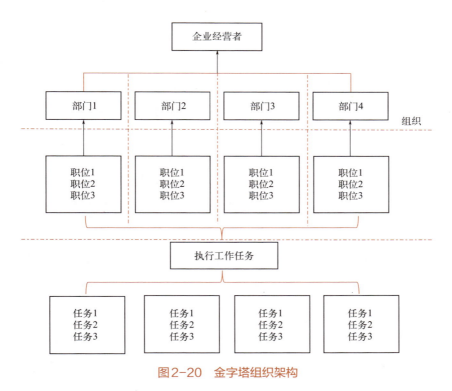

图2-20 金字塔组织架构

在金字塔组织结构中，是组织决定职位，职位决定流程，流程最终来服务用户，而这个用户，早就被压在重重的结构之下。

不以用户为中心的原因有三个。

① 这样的组织架构经过层级的"纵横"切割后，成了零散的豆腐块。而该组织对个人要求又极高，每个人都必须是高效的执行

者,尤其是处于第一层的企业高管,必须拥有超强的个人能力,能迅速、准确地决策。这意味着被打破了的组织,只能是"英雄"式的单打独斗。这样的组织结构决定能力至上,把能力建在人的身上,对"英雄"式人物依赖性过强。

② 在职能型、金字塔形组织架构下,最前线的业务人员是接触用户最多的人,但他们的决策权限往往很小,很多时候无法灵活、机动地响应用户诉求。

比如,某企业的用户要在周末付款听线上的课程,业务人员告诉用户说,企业有规定,付款必须支付到公司账户,而现在企业财务放假了,所以用户今天不能付款,也不能听课。结果可想而知,用户走了。管理决策和方案层层汇报、层层审批,组织里的每个人仅仅按照职位职责工作,他们忘记了用户的需求是动态变化的,职责是无法完全响应的。

③ 在职能型或金字塔形组织架构下,企业内部各系统间服务与数据不共享,形成服务孤岛与数据孤岛,难以适应复杂、变化快速的业务。比如,底层的管理者报喜不报忧,或者只报告对自己有利的数据和信息,或者只报告能够支撑自己向企业索要资源的数据和信息,导致信息失真,数据衰减。这样,企业经营者就无法获得真实、有效的数据信息,最终决策失误。这意味着企业每次都需要"重复造轮子",最后只会被拖垮。

所有的问题暴露出职能型或金字塔形组织的一个弊端,那就是以企业利益为中心,或以管理为中心,或以控制为中心,唯独不以用户为中心。用户提出的需求,组织无法快速响应。所以,在小团队组织结构的构建上,必须颠覆这样的组织架构,本着以用户为中心的原则,让团队里所有的人都盯向用户。

2.5.3　若干外围点：利益

利益是任何组织赖以存在的生命线，采用同心圆结构，在坚持以用户为中心的同时，必须坚持使各个环节均有利可图。因为利益是连接各个环节的唯一链条，一旦失去这个链条，建立起来的体系就会瞬间土崩瓦解。

下面结合某商品从厂家到零售商这一链条传递过程中的利益分配为案例进行分析。按照同心圆模式，中心是用户，外围点是厂家、总经销商、二级批发商和零售商。

（1）通过利益分配，确保各层次有利可赚。

① 为保障总经销商的利润，厂家应要求总经销商在各地按出厂价出货，而总经销商的利润应包含在出厂价当中。厂家在各种场合，可以公布出厂价，而对总经销价格需严格保密。

② 为保障二级批发商的利润，总经销商对外出货应实行四种价格，即对二级批发商执行出厂价，对零售商执行批发价，对团体消费者实行团体批发价（高于正常对商业单位的批发价），对个人消费者实行零售价，这样做的目的在于使二级批发商可以按相同的价格销售给商场、团体和消费者，并以确保应得的利润为前提。

③ 为保障零售商的利润，总经销商和二级批发商在对团体消费者和个人消费者销售时，要严格按照团体批发价和零售价销售，确保零售商在相同的价格水平下销售也有利可图。

（2）明确厂家与总经销商、二级批发商与零售商的关系，他们都是由利润连起来的平等关系。总经销商经销厂家的产品，是为了赚取利润；各大商家销售总经销商供应的商品，也是为了谋取利润。商家有权要求厂家提供质量优良的产品和周到的售后服务，而厂家则有权要求商家重视自己的品牌形象，与自己一起为消费者提供完整的销售服务。

（3）保持价格体系的相对稳定，尤其是要禁止各二级批发商之间相互压价销售。一旦出现压价抢市场的现象，总批发价和零售价将很快跌至谷底，使各层次经销商应得的利润迅速下滑并直至为零，精心构建的销售网络亦将随之瓦解。

（4）广告宣传应兼顾各层次经销商，促销活动应该由各层次经销商共同参加。

第 3 章

揽人才：
完善选育用留机制，让人才既来之则安之

有的小团队人才济济，而且总能吸引高端人才加入；而有的小团队除一两个骨干外，都是虾兵蟹将，即使有人才加入也很难长久留住。之所以有如此天壤之别，根本原因在于是否建立起完善的人才选育用留基本机制。

3.1 建立选育用留机制的3个阶段

团队人才选育用留机制的建立是一个循序渐进的过程，随着团队发展而逐步完善。小团队的发展一般可以分为三个阶段，初创期、成长期和成熟期，如图3-1所示。

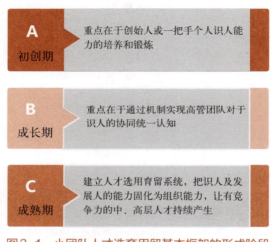

图3-1　小团队人才选育用留基本框架的形成阶段

3.1.1 初创期：培养创始人的识人能力

美国海豹突击队总是以小团队的形式出现在各种极端恶劣的作战环境中，像尖刀一样直插问题核心，啃最硬的骨头，进而左右战局发展。然而，想执行这样的战术，团队必须是精锐中的精锐。

奥尔登·米尔斯是海豹突击队前指挥官，曾3次带领海豹突击队深入敌后，并顺利完成任务。在他看来，海豹突击队的建队目标就是建立碾压性优势，这种优势不是比别人强一点点，而是强十倍、百倍。只有拥有了绝对优势,才能在充满不确定性的极端环境中生存下来。

因此,小团队在建设初期,主要任务是找人,先把拥有绝对优势的人才吸引到团队中来。这个阶段吸引人才的重要做法,就是管理者提升自己的"识人"能力。

初创期,管理者的"识人"能力在一定程度上代表着团队的生产力。当然,这种识人并不是单纯地看人,同样需要靠稳定、有效的"识人"系统,避免从结构上出现识人的重大缺失。

所谓的识人系统分为意识层面和潜意识层面,如图3-2所示。

图3-2　团队初创期的识人体系

团队初创期,实现小有所成比较容易,要想有大的成就仅靠1~2位英明的管理者是绝对不行的。因为这时的"人"是偏"人手",而非"人才",整个团队从上到下都是偏重"管理任务"型的人才,无法满足团队更深的发展需求。

3.1.2　成长期:实现团队识人协同能力

当团队进入成长期,对人才的复合性、成长性就会提出更高的要求。主要体现为识人的体系要更加完整,从初始的内部、管事、能力视角逐步发展为外部与内部的平衡、管人与管事的平衡、能力与能量的平衡等。具体做法可以从以下3个方面入手。

（1）制定明确的招人标准

在有了更完善的识人体系基础上，制定明确的招人标准。这里有一个快速而简单的方法：对比法，具体操作如图3-3所示。

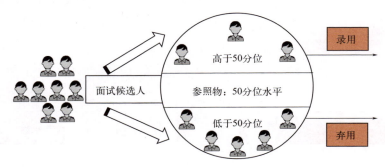

图3-3　对比法的具体操作

这种方法是指在面试时找到候选人对应级别的参照物，参照物一般为团队中处于50分位水平者。将在团队中处于50分位水平的人作为参照物，看候选人较之是否更优秀，如果优秀则考虑录用，反之就弃用。

持续聘用高于团队现有中位水平的人，可以最大限度地保持团队的活力和竞争力，也可以在一定程度上避免后期出现劣币驱逐良币的现象。

（2）提出明确的人才审美标准

制定明确招人标准的同时，还要明确并丰富人才审美，创造更为多元、宽松的人才成长环境。对于小团队而言，审美标准只有两个：一个是忠诚；另一个是气场。很多小团队经过几年的发展，团队骨干还是初建时的那几个人,尽管有新成员加入,但双方都觉得并未真正融合。针对这种情况,不妨花点时间梳理一下自己的人才审美,并将其书面化,加以明确。分析一下哪些需要长期坚持,哪些需要马上迭代,只有厚积薄发,不断优化,才能形成真正的人才审美标准,这是识人、用人、留人的基础。

案例1

字节跳动创始人、原CEO张一鸣,就有一套明确的人才审美标准,这条标准贯穿了他的整个创业历程。2010年创立九九房时,他曾一次面试过50个人,最终只录用了1个人。后来,他在微博中记录下了当时自己的感想:"越高级、影响力越大的人才,其实最应该看基本素质,即这个人的理性、逻辑、修养、企图心、自我控制力。"

后来,他成立了字节跳动公司,依然可以看到这种人才审美的影子,当然,内容已经丰富了很多,而且标准非常完整。

字节跳动的人才审美标准如表3-1所列。

表3-1 字节跳动的人才审美标准

标准	内容
够长期,够积极	追求长期价值,能做系统性思考;积极、敢想,并能带动他人一起做
独立思考,明确判断	独立深入思考,解决本质问题;能看透数据,对事情不模棱两可,做出明确判断
分解目标,排优先级	能把外部目标有效地分解成小目标;做事有重点、有节奏,在增益和损失间明智冒险

续表

标准	内容
跨界学习，掌握信息	学习不同行业和领域的相关内容；从公司内外部多视角吸收信息；站在不同人的角度考虑问题
有阵地意识，没有领地意识	业务是作战阵地，能接受评论，能配合整体需要做调整，能给整个公司找问题和提建议
放得下，拿得起	敢授权放权，能深入业务细节接地气，有随时拿起来自己动手的能力和意愿
保持团队氛围正直简单	淡化层级，不用头衔和敬语，沟通无负担；避免官僚化、形式化和办公室政治；汇报关系随着业务需要灵活调整
情境管理而非控制管理	传递信息给到充分的上下文。一方面可以和下属配合得更默契，另外一方面还可以充分调动他们的积极性。如果没有给到充分的上下文，由于理解上的偏颇，执行时往往只会为了执行而执行
理解人，理解团队	有同理心，对人敏感，对团队有清晰的洞察和诊断
招人	招优秀的人，能用比自己强的人，敢用新人，用人所长，补人所短
培养人	感染人，能输入方向感和目标感；激发潜能，培养成就团队
激励人	激励拉开区分度，能识别关键产出和搭便车，不做老好人

（3）不断提升面试技能，做到熟能生巧

任何一项技能的培养都离不开刻意的练习，"识人能力"也是如此。对于小团队管理者而言，练习面试技能可以大大规避凭直觉招人的弊端，同时，也能够将优秀的人才审美观进行一定程度的沉淀，渐渐地形成统一、稳定的团队文化。

面试技巧包括5个部分，具体如图3-4所示。

第一部分：明确面试目的
- 清楚职位的需求(明确岗位的胜任力要求)
- 了解候选人信息(阅读简历和职位申请表)
- 想重点考察什么胜任力(准备面试问题)

第二部分：初步阅读简历
- 排除硬伤：一年之内没有任何从业经历、频繁跳槽、突然换城市等
- 找准定位
- 考察所需胜任力(普通下属vs具备创业者精神的职业经理人)
- 符合本团队目标岗位50分位的目标人选
- 找到面试要点
- 原企业优势(不熟悉的公司最好提前了解一下)
- 所做的贡献和个人业绩/经验(领导vs支持，创造vs协调)
- 初步判断意愿与风险
- 离职原因是否会在本公司有同样的问题、文化契合度等(国企或私企，甲方或乙方)
- 职业目标(个人贡献者或管理者)

第三部分：通知面试
- 尊重并鼓励
- 少说多听，并做出积极反应
- 记录重要信息
- 职业化(即使不能成为下属，也可以成为用户)

第四部分：正式面试
- 提问的目的是收集足够的答案信息
- CAR模型；C-Context(背景)；A-Action(你的行动)；R-Result(取得的结果)；过去所为是其未来表现的最佳预测。
- 基于行为，而非假设
- 层层深入，追求细节
- 提问准确而开放
- 不在已知事实上花过多时间
- 引导但不替他回答

第五部分：对面试结果综合判断
- 就第一印象而言，这个人让我感到舒服吗？
- 作为管理人员，这个人是否能够在团队内部再升一级？
- 作为本岗位工作人员，这个人会甘于做本职工作吗？
- 把事情交给这个人，我放心吗？
- 我愿意向这个人汇报吗？

图3-4　面试技巧的5个部分

以上就是在团队成长期，团队创始人或一把手应该重点关注的5个部分，需要不断练习，目的就是不断提升自己的识人能力，练就一双火眼金睛。随着团队的发展，单靠个人的火眼金睛"识人"就显得捉襟见肘，整个组织的识人能力，各个层面的负责人在"识人"方面的协同统一、集体进化就变得重要且有必要了。

只有当团队的整体识人能力提高了，高管层才能不逃避、不推卸，共同修炼、集体进化，心甘情愿地招新人、招好人。否则，抱着"只闻新人笑"的担忧和"谁动了我的奶酪"的局限是很难自己破圈的。

3.1.3　成熟期：建立人才选育用留机制

个人识人能力和团队识人能力到位了，接下来就是设定一些集体修炼的规则或机制，甚至创造一些集体修炼的场域。例如，共创统一的人才标准或领导力标准，逐步实现基于标准而非感觉做决策；又如，每周每人至少面试2人，实现招聘人选、练习技能和获取信息的一箭三雕；再例如，面试流程安排360度，多人多轮面试，刻意保持多样性对个人好恶的抗衡等。

总之，当团队进入成熟期后，"识人"能力就必须从个人能力成长为组织能力了。在这个阶段，团队与团队之间的竞争是人才机制系统的竞争，已不再是"识人"这个单一环节的能力。换句话说，不能再依赖某个人的喜好进行甄别，而是靠团队的综合系统。

这个系统就是人才选育用留系统，这是一个重要的团队管理工具，用于帮助团队选择、培养和留住人才。建立这样的系统可以提高组织的竞争力,并促进团队成员的个人发展。如图3-5所示是建立人才选育用留系统的8个步骤。

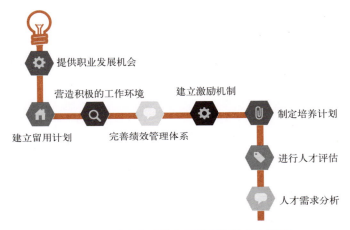

图3-5　建立人才选育用留系统的8个步骤

(1) 人才需求分析

人才需求分析的目的是根据团队的战略方向、未来的发展目标等确定所需的人才类型,并结合具体的工作任务和业务需求,进一步核定人才必须具备的能力和技能。

(2) 进行人才评估

使用有效的评估工具和方法,如面试、测试、绩效评估等,来评估现有人员和外部候选人的能力、技能和潜力,找出具有潜力的人才。

(3) 制定培养计划

根据每个人才的发展需求和岗位需求制定个性化的培养计划,包括工作技能培训、挑战性的工作任务、跨部门轮岗等,以帮助每个人掌握必要的技能和知识。

（4）建立激励机制

建立激励和奖励机制，根据不同人的贡献程度和成果给予适当的奖励，以鼓励人才持续努力和优秀表现，包括晋升、加薪、奖金、股权激励等。

（5）完善绩效管理体系

完善有效的绩效管理体系，定期评估人才的绩效，并提供及时反馈和指导，这有助于每个人充分了解自己的工作表现，拓展和改进成长的空间。

（6）营造积极的工作环境

营造积极的工作环境，提供有挑战性和发展机会的工作任务，给予团队中每个人足够的自主权，使他们感到自己的价值和被重视。

（7）建立留用计划

制定留住人才的计划和策略，通过提供竞争力的薪酬福利、良好的工作环境和职业发展机会来留住人才。

（8）提供职业发展机会

为特殊人才提供广阔的职业发展机会，包括培训、跨职能项目、国际交流等，帮助他们掌握新的技能，有更大的发展空间。

建立人才选育用留系统需要系统地规划，同时还需要不断地跟踪和调整。通过这样的系统，团队可以有效地选择、培养和留住人才，提高人才满意度。人才的选育用留系统的建立，有如表3-2所列的几个关键问题需要重点解决。

表3-2 建立人才选育用留系统需要重点解决的5个问题

问题	内容
1	先明确公司的战略性组织能力及文化到底是什么？需要哪一类人才
2	明确本公司到底需要什么样的人才（核心的特质）？哪类人才是公司竞争力的关键来源
3	在关键的子系统上做深做透，比如职业序列及等级体系、人才标准等这几个非常具有连接性的子系统
4	如何发展出这样的人才？在哪些环节（选还是教育还是用还是其他？）上重点投资，以保证其源源不断的产生
5	持续地沟通与赋能。让"识人"不再是个人能力，而是固化为组织能力，在这种固化的过程中，锻炼的也不仅仅是"识人"，更是绩效管理、任用发展人的能力

3.2 选人原则：匹配比优秀更重要

高效的小团队并不需要每位成员都是高精尖。高手如云有时反而无法很好地配合，这也是为什么很多"梦之队"会在赛场上折戟。合理搭配各类人才，提升团队凝聚力，才是制胜的关键。

马云曾这样评价《西游记》中唐僧团队的各个成员。

唐僧是最合格的领导，虽然能力有限，但能精准把握大局，坚定自己的目标：取经，这样的领导恰恰是小团队的"标配"。小团队的领导要像唐僧一样，淡化自己的专业才能，用人唯能。而且唐僧还有两项领导者必有的能力：胸怀和眼光。有胸怀就能容人，有眼光就不会犯方向性错误。

孙悟空能力最强，忠心耿耿，能征善战，适合打头阵，这样的人才是团队中不可或缺的。他的角色就是优秀的职业经理人，在团队中的作用是无可替代的。对于这样的能者，团队领导要给予更多权力和自由，让其充分施展才华。

但孙悟空惹的麻烦也很多，很多事情成是他，败也是他，对于这样的人团队要有约束机制，就像唐僧的紧箍咒，关键时刻可以对其加以约束。

猪八戒看似一无是处，但能调节气氛，能在日常生活中照顾领导，关键时候也能帮上忙，是团队中不可或缺的开心果，是领导喜欢的一类下属。

如果说猪八戒和孙悟空还有缺陷的话，那么沙僧可以打100分，性格敦厚，老实巴交，能吃苦耐劳，最适合做基层执行性工作。因为大多数人最难做到的就是保持沉默、任劳任怨，而沙僧做到了，他属于"劳者"，在团队中是最多的一种角色。

所以，团队的领导者在组建小团队时应该像唐僧团队一样，不要求个个是孙悟空，但一定要匹配团队功能，让各个功能之间形成强有力的互补。

小团队成员能力要求如图3-6所示。

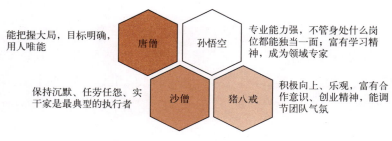

图3-6　小团队成员的能力要求

那么，具体应该如何做呢？我们不妨借鉴一下前人的智慧。英国团队管理专家梅雷迪思·贝尔宾对互补型团队的研究卓有成效,通过研究他总结出一个团队应有9大理想角色。贝尔宾团队角色理论起源于20世纪60年代末,是由梅雷迪思·贝尔宾博士在英国剑桥大学产业培训研究所工作期间,在与亨利管理学院联合开展的一项合作研究中发现得出的。该项研究的内容为成功和失败团队在商业游戏中的竞争表现。

不过,9大角色不一定全部适用小团队。就小团队而言,具备其中的6种角色就足够,这6种角色具体如表3-3所列。

表3-3 小团队的6种角色

团队角色	优势	缺点
领导者	善于推动,充满活力,能够承受压力。具备克服障碍的动力和勇气	动辄触怒别人,不顾他人感受
协调者	冷静,自信,善于鼓励他人,能够澄清目标,有效授权	或会被视为玩弄手段,推卸个人职责
攻坚者	充满创意,富于想象力,不会墨守成规,善于解决疑难	忽略现实琐事,过分沉迷于自我思维而未能有效表达
执行者	可堪信赖,高效率,能够采取实际行动以及组织工作	欠缺弹性,面对新机会时反应迟缓
完成者	实干家,勤勉苦干,渴求完美,善于发现错漏,能够把事情办妥	倾向过分焦虑,不愿别人介入自己的工作
外交家	外向,热忱,善于沟通,能够探索新机会,开拓对外联系	过分乐观,一旦热忱减退,可能会失去兴趣

由具有不同特性人员才组成的互补型团队,比起追求趋向性一致的传统企业部门制更容易取得成功,而且通过每一类人员优劣势的优化配置,有效做到扬长避短,能促使团队趋于完美。

3.3 内部调配：按需进行人才调配

小团队人员来源主要有两大途径：一个是从企业内部调配；另一个是从外部招聘。从人才成本和忠诚度角度看，从企业内部调配是首选，在对新团队职位需求和人才评估的基础上，进行命令式调动。但为了团队能有新鲜血液，增强团队的活力，从外部招聘也不可忽视。

3.3.1 内部人才调配的方式

内部人才调配是企业根据新建团队的目标和任务，采用科学的方法，根据岗得其人、人得其位、适才适所的原则，正确选择、使用人员，从而保证团队目标实现的一种人才优化配置管理活动。

内部人才调配的方式通常有两种。

（1）内转

内转是内部人才调配方式的一种，是指在内部现有人员中进行人才选拔的一种形式。一般是通过竞争上岗的方式，这种方式的优势是有助于企业内部人才流动，提升新建小团队人员的凝聚力和忠诚度。这是因为被选拔人员对企业、对职位有足够的了解，对工作的熟悉度、可信度都非常高，可以很快地适应新角色，融入新的工作。

但这种方式也有一定缺点，则是过多使用内部人员，缺乏新观点、新视角的加入，导致外部新鲜"血液"注入较少，工作中可能存在创新力不足，思维惯性的局限。

（2）内推

内推也是内部人才调动方式的一种，即企业鼓励部门或员工直接推荐他人，担任团队新岗位的一种形式，这种方式已经成为小团队获得高质量人才的主要渠道。最大的优势是，被候选人与新职位高度匹配，减少了团队对候选人进行考察的诸多环节。

同时由于被候选人通过介绍人对未来的团队、职位等有所了解，加入该团队也是经过深思熟虑，才做出的决定。鉴于此，候选人中途跳槽或被挖走的可能性较小。

不过，内推是一个艰难且敏感的工作，无论从哪个角度看都需要谨慎操作，如表3-4所列是一些建议。

表3-4　做好内推人才调配的几点建议

建议	具体内容
了解新团队的人才需求	明确新团队的目标和项目需求，了解所需的专业技能、经验和人员数量等细节，并确定团队的角色和职责
对团队现有人才进行评估	对现有人才进行全面评估，包括技能、经验、潜力和兴趣等方面。了解每个人才的强项和优势，以确定他们是否适合新团队的需要
与被调配人员沟通	与被调配人员进行一对一沟通，了解他们的意愿、兴趣和发展目标。了解他们是否愿意接受新的挑战和职责，以及对不同角色的适应性
进行技能匹配与培训	根据新团队需求和现有人员的技能，进行技能匹配。如果某些人员在特定领域缺乏必要的技能，可以提供培训和发展计划，以提升他们的能力
考虑团队人员之间的匹配度	在选择团队成员时，考虑人员之间的协作和相互匹配。确保团队成员之间有良好的沟通和相互支持，以促进团队的凝聚力和工作效能

续表

建议	具体内容
平衡团队需求与个人需求	在内部人员调配时,要平衡团队需求和成员需求。协商并寻找双赢的解决方案,使人员能够得到个人成长和职业发展的机会,同时满足组织的需要
跟踪与反馈	进行跟踪,定期反馈,帮助团队成员适应新的角色,并尽量解决可能出现的问题

总之,构建一个新团队,并进行内部人员按需调配,需要综合考虑团队需求、职位需求、被调拨人员的意愿等多个因素。通过充分沟通,需求匹配度分析等方式,招揽到团队最需要的人才。

3.3.2 内部人才调配的原则

内部人才调配在现代企业中是非常普遍的行为,一般是指通过人事调整,实现新组织人际关系的协调,人员与工作的最佳匹配。但很多时候的实际效果并没有想象得好,人员经过调配后不但没有达到预期目标,反而破坏了原先的和谐局面。

那么,如何规避这样的情况出现呢?这就要求在进行人员调动时,要严格按照原则办事。

(1)程序化原则

人员调配不是随心所欲的事情,而是要有据可依,根据企业已明确的制度和程序进行合理、规范的调动。为此,作为企业要加强人员内部调动的管理,明确内部调动的程序,规范人员内部调动的手续。

(2)经济效益原则

人员的调配要以团队需要为依据,以保证提高经济效益为目的，不能毫无要求地接纳人员，盲目地扩大队伍规模，置团队利益而不顾。

（3）任人唯贤原则

人员调配要实事求是，任人唯贤，本着求贤若渴的精神，重视和使用确有真才实学的人，这是团队生存与发展，走向成功的基础。

（4）因事择人原则

因事择人就是人员的调配应以空缺和实际工作的需要为出发点，以职位对人员的实际要求为标准，选拔、录用各类人员。

（5）量才施用原则

量才施用就是根据每个人能力的大小安排合适的岗位。人的差异是客观存在的，一个人只有处在最能发挥其才能的岗位上，才能干得最好。

3.3.3 内部人才调配的流程

内部人才调配是企业组建小团队的一项重要管理活动，它涉及人才的合理配置和有效利用。在人才调配的过程中要精确、高效，以确保组织的顺利运转和持续发展。以下是内部人才调配的步骤。

（1）确定人员数量

职务类型指出了需要什么样的人，职务数量则告诉我们每种类型的职务需要多少人。职务可以分成许多类型。

比如，按职务可分成管理人员与生产作业人员。管理人员中可分成高层、中层、基层管理人员，每一层次的管理人员又可分成直线主管与参谋或管理研究人员；生产操作人员可分成技术工人与专业工人，基本生产工人与辅助生产工人等。

如果是为新建的团队选配人员，只需按照职务需求直接调配。如果是对现有团队进行重新调整，就应重新设计，检查和对照团队内现有的人员情况，找出差额，确定需要从其他部门调配的人员类别与数量。

（2）进行人岗匹配

为了保证人员具备职务要求的知识和技能，必须对候选人进行筛选，做出最恰当的选择。

（3）制定调配计划

一旦确定了需要调配人员的数量和类型，就需要制定详细的调配计划。这个计划应该包括调配时间、调配方式、调配人员名单、调配后的岗位安排等。调配计划应该尽可能详细，以便在执行过程中能够顺利地进行，并减少麻烦。

（4）执行调配计划

制定好的调配计划需要得到执行。在执行过程中，应该严格按照计划操作，确保调配的人员和岗位安排准确无误。同时，在执行过程中还需要注意与调配人员的沟通和协调，以便让他们更好地适应新的工作环境和角色。

（5）评估调配效果

调配计划执行后，需要对调配效果进行评估。评估的内容可以包括调配人员的适应情况、工作效率、工作表现等。通过对调配效果的评估，可以了解调配计划是否达到了预期的效果，并对未来的调配工作提供经验和借鉴。

总之，内部人才调配的流程需要严谨、细致、科学地进行，以确保团队内部的人员能够充分发挥自己的优势，实现团队的整体目标。

3.4 外部招聘：严把"招聘关"

小团队人才的获取可以从企业内部调配，也可从外部招聘。在保证组织结构、管理水平不会发生重大变化的前提下，可以适当从外部招聘人才。从外部招聘人才，可以很好地为团队补充新鲜血液，实现了优秀人才的差异化，同时一定程度上也降低了用人成本。

3.4.1 做好聘前测试

小团队的人员招聘与大型团队的人员招聘存在着很大的区别。有人总结，一个10～100人团队的招聘工作，已经逐步批量化、复制化，相对更容易操作。而10人之内的小团队，则需要更多地考虑每一个个体的价值，及个体能够发挥作用的程度，甚至要因人设岗。

换句话说，就是当团队规模达到10～100人这个范围的时候，招聘工作要考虑的将不再是个体问题，而是团队问题和组织能力问题，而这些问题通过批量化复制便可以实现。而在10人以内的小团队招聘中，则需要因人而异，因岗而设，针对性、个性化更强。这也从侧面说明，10人以内的小团队招聘工作更难开展。

那么，如何做好小团队的人员招聘呢？最基本的是对每个人做好聘前测试。

聘前测试可以采用提问法，提问是面试时采用的一项非常重要的技巧。高质量的提问可将谈话推向更深的层次,大幅提升面试质量。

比如,在了解应聘者基本情况的基础上,需要继续深挖,进一步关注细节,可以用提问。再比如,对方说"我曾带领团队做出1000万元的业绩",这时要区分这1000万元是在什么情况下做的?难度如何?是作为核心成员亲自去做,还是肤浅参与?这些细节都要问清楚。

在具体提问时要有针对性,针对被考察的项目逐个提问。比如,考察应聘者的专业能力,就要提供与专业能力密切相关的问题,考察抗压能力就要提供与抗压能力有关的问题。

问题的具体类型如表3-5～表3-12所列的8类。

表3-5 考察专业能力的问题

专业能力	为什么会选择做这项工作,当时的背景是什么
	在这项工作中扮演什么角色,具体承担哪些任务
	完成这项工作运用了哪些技术、工具,成效如何
	这项工作最难的,或者说最大的挑战是什么
	如果再做,认为哪些地方需要改进

表3-6 考察学习能力的问题

学习能力	最近三个月读了哪些书
	最喜欢的一本书是什么,能介绍一下吗
	你对行业前沿理论有关注吗,能介绍一下吗
	每周花在学习上的时间有多少,主要通过什么方式来学习
	现在如果需要掌握一项全新技能,将准备如何去学习
	犯过最严重的错误是什么,是如何解决的,从中学到了什么

表3-7　考察团队协作能力的问题

协作能力	过去的工作是否与同事有过合作，合作顺利吗
	如何评价你的合作者
	与同事就某个工作发生过冲突吗？是如何处理的
	同事忙不过来，你会怎么办？举例说明
	在以往的工作中，有没有需要多部门合作的，大家是否有分歧，是如何协调的

表3-8　考察沟通能力的问题

沟通能力	讲一个与上级有分歧的事例，是否说服了对方，及如何说服的
	工作进展多久向上级汇报一次？汇报之前做了哪些准备工作
	问一个有歧义的问题，看对方是否会追问，追问的质量如何
	必要时可以留下候选人进餐，考察吃饭过程中交流是否愉快

表3-9　考察抗压能力的问题

抗压能力	如何克服工作或生活中遇到困难和挫折
	上级分配的工作很多，应付不过来怎么办
	旧任务还没完成，又有新任务，会怎么办
	面对一项从未接触过的任务，而且时间紧急，会怎么办

表3-10　考察责任感的问题

责任感	当所在团队处于竞争劣势时，会怎么办
	下属未按时完成任务，上级责怪下来，认为是谁的责任
	需要临时加班，但又有非常紧急的私事，将会如何选择

表3-11　考察创新能力的问题

创新能力	你认为前一家任职公司，哪些地方有待改进
	经常向公司提建议吗？这些建议带来什么影响
	请对我们公司的产品提出改进意见和建议
	哪些危机，可能对本行业或公司造成重大影响

表3-12 考察工作意愿和价值观的问题

工作意愿	对上一份工作,喜欢哪些方面,不喜欢哪些方面
	前任公司离职的原因是什么
	什么原因吸引你来我们公司
	面对再次选择的机会,会选择什么样的工作,为什么

3.4.2 一定要面谈

在筛选到有意向的人才之后并不意味着就万事大吉,接下来还有一个非常重要的环节必须做好,那就是面试。面试是用人单位对初步筛选到的人进行进一步考核的方式,在小团队中显得更为重要。

因为对小团队而言,从外部获取的人员都是团队急需的关键人才,将来是要承担重大任务的。作为管理者必须与候选人进行深入的面谈,以进行更全面的考核。

那么,如何通过面试对招到的人才进行精准考核呢?这就需要高超的技巧。

（1）明确面试的内容

要想做好面试首先要知道面试的内容。面试的内容通常包括两大部分:一部分是素质,即显性的、易改变、易培养的内容;另一部分是潜能,即隐性的、难改变、难培养的内容。面试的内容如表3-13所列。

表3-13 面试的具体内容

面试项目	具体内容	
素质（显性）	经验	经历过什么
	知识、技能	懂什么，会什么
潜能（隐性）	能力、潜力	能做什么，能走多远
	价值观、态度、社会角色	会怎么做
	个性、品质	是个什么样的人
	内驱力、动机	想做什么

（2）仔细研读简历

在正式面试前，一定要仔细研读应聘者的简历，最好提前1~2个小时去看，这是做好面试的一个最基本前提。

在看简历时要遵循STAR法则，该法则由4个英文首字母Situation（背景）、Task（任务）、Action（动作）、Rusuit（业绩）组成，具体含义如图3-7所示。

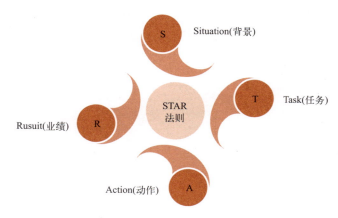

图3-7 STAR法则的内容

看简历时需要对以上4个部分作重点标注，目的是在面谈时能够抓住重点进行深入沟通与交流。比如：

S（背景）："你是在什么背景下做这个事情的？能描述一下吗？"

T（任务）："你在这个事情里承担什么样的职责任务，有什么权力？"

A（动作）："这个任务，你具体是如何完成的？"

R（业绩）："最后取得哪些业绩，这些业绩对你有什么影响？"

按照这一套流程问下去，就可以大致掌握应聘者的基本情况。

3.4.3 谨慎引入资深新人

在人员使用上，有些小团队管理者都喜欢资深人士，但此资深非彼资深。"资深"一词通常用来指一个人在特定领域或某行业，有丰富的工作经验和高水平的技能，对该领域、行业各个方面有深入了解。然而，有一种资深人士则不可取，那就是"资深"新人。

资深新人是一个贬义词，是指那些频繁更换工作，游走于不同企业，缺少必要积累的人，虽然工作能力尚可，却总得不到提拔，慢慢地跳槽就成了习惯，但越这样，处境越难以改善。

> **案例2**
>
> 笔者在招聘中曾有这样的经历：一个姓张的小姑娘，28岁，大学毕业6年，工作经历很"丰富"，居然曾经在五个公司工作过，而且工作的职位并不完全一样，有行政，有策划，看起来

像个多面手,而且在她的荣誉栏里还有本市的一个奖项,我去网上一查,果然她是获奖者,这令我对她颇有好感。面试的时候这个姑娘的表现虽不出彩,但也是中规中矩,最终公司录用了她,安排了行政前台的职位。

小张入职后表现十分突出,由于她有着六年的工作经验,所以干事非常老到,和同期进公司的新人相比,她真的十分出色,甚至在管理层会议上,有人提出是不是可以考虑晋升一下,不过大部分管理层都认为她只是个新人,再观察一段时间再晋升更能服众,这都不要紧,只是时间问题,因为小张的表现已经得到了大家的肯定。

正当小张的前途一片光明的时候,她突然辞职了,这让我非常惊讶,我赶紧去问她理由,她说有猎头找到了她,新公司离她家近,薪资也高一些,所以她要辞职。

过了几年,我又碰到了小张,和她聊起这件事,她说她十分后悔,后来她又换了几份工作,每份工作虽然都干得还行,但是都干不久,因为总是有看似更合适的工作,所以她就心动了。虽然她的资历越来越深,但工作能力却得不到提升,无论到了哪个公司都是新人,一直得不到提拔,看着同龄人纷纷都做了管理层,她真是欲哭无泪。

像小张这类人就是所谓的"资深"新人,并非没有能力,而是把自己看得太高了。初入一个职场环境必须静下心来,勤奋工作,而且很多团队都很看重忠诚,若频繁更换工作,就像狗熊掰棒子,到头来是竹篮打水一场空。所以,当工作比较合适,发展前景又还可以的时候,坚持下去,往往比跳槽更加有利。

当然，对于资深新人也不能全盘否定，其也有优势。资深新人的优势有如图3-8所示的3个。

图3-8 资深新人的优势

鉴于资深新人的以上优势，必要时引入新人也是十分有必要的，当确实需要引入一位在相关领域经验丰富的资深新人时，也不能完全持排斥的态度。只是要擦亮眼睛，特别小心，特别谨慎，趋利避害将其优势充分发挥出来，同时采取措施规避可能产生的问题。资深新人常常会犯一些错误，如图3-9所示。

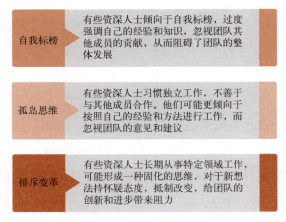

图3-9 资深新人的劣势

为了应对这些问题，可以采取以下5项措施。

① 建立积极合作的氛围。鼓励资深人士积极与其他成员分享经验和知识，促进团队的协作和学习。

② 强调团队的共同目标。让资深人士认识到他们的工作不仅仅是个人表现，更是为了实现团队共同的目标。通过明确的目标和团队宗旨，减少个人主义倾向。

③ 引导开放思维和学习态度。鼓励资深人士接纳新的想法和方法，持续学习和成长，理解到随着时代的变迁，需要不断创新和适应新的挑战。

④ 平衡团队的权威和参与。尊重资深人士的经验和知识，同时鼓励他们参与团队的决策过程，让他们感受到自己的价值和重要性。

⑤ 维护团队的平等与公正。建立一个公正、开放的团队文化，对所有成员一视同仁，避免对资深人士特殊照顾或放任。

总之，引入资深新人可以为团队带来丰富的经验和知识，但也需要平衡好他们与团队其他成员的协作和融合，以实现团队整体的有效运作。

3.5 努力留人：招百人不如留一人

对小团队而言，留住优秀人才比不断招聘新人更有价值。招百个新人不如留下一个有价值的人。与原有的人才建立真诚的关系，理解他们的价值观和目标，并尽可能满足他们的期望。通过关注他们的需求和提供合适的支持，能够增加忠诚度，降低流失率。

3.5.1 制度留人：建立完善的用人制度

造成小团队人才频繁流失的根本原因是团队的用人制度出了问题。有很多小团队管理者自认为规模小、人员少，就忽略了制度的制定和执行。有的小团队是缺乏完善的制度，有的小团队是有制度，但执行不力。总之，任何一个方面出现问题都不利于人才的留存，不足以留住真正的人才。

案例3

某团队非常重视人才的长期职业生涯发展，每位员工的价值都得到了最大展现。这与管理者的用人体制的变革有很大关系。之前，该团队与员工签订的是"生死合同"，很多新招收的人才，尤其是大学生一年之内八成都选择跳槽，致使团队陷入用人荒。

为了改变这种现状，管理者开始进行制度改革，大力破旧立新，进行人才制度创新，一切旧观念，旧制度全部废除，还制定了新的用人制度——赛马制。

赛马制常用于销售公司、电商团队、贸易型团队，主要是以内部竞争的形式，选拔出前三名（或者自定义）优秀团队授予奖金。赛马制包括4项主要内容，分别为赛马规则、赛马结果、奖励机制以及奖金来源，具体如图3-10所示。

在利用赛马制时，有几个要点需要特别注意。第一，确定赛马参与对象。第二，设置赛马指标。第三，确定赛马周期，一般为一个季度。赛马制是一个间歇性的机制，要选择好时机，一般在销售旺季、新品发布、爆品促销时可以进行一次，

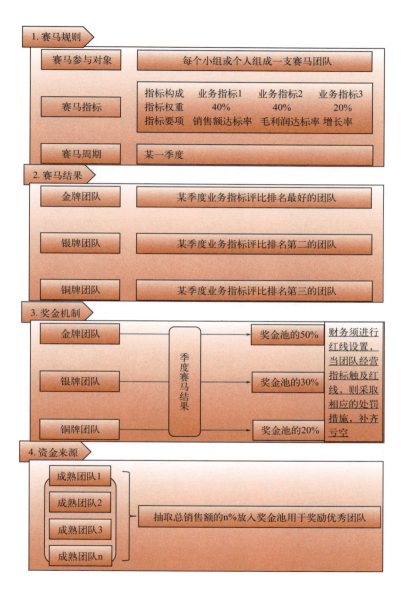

图3-10 赛马制的4项主要内容

每次控制在2~3个月。第四，明确资金的来源。资金来源一般有两种，一种情况是公司直接激励，还有一种情况是公司和团队共同出资，公司出多少钱，团队也同样出对等的钱。比较成熟的团队，可抽出总营业额的一定比例放入奖金池，对优秀团队进行奖励。

该制度大大激发了下属的荣誉感和责任心，每年都会招大批新人，以重点院校的大学生为主，其中不乏硕士研究生、博士研究生等，甚至有海归人士；同时，对于有潜质的下属也会送出国进行交流与学习。人选的范围也很广，既有高级管理人员，也有一线人员。经过一系列的改革，成了业界的先进典型。

由此不难想象，团队的用人制度是吸引人才的一个重要方面，越是制度完善的团队，越容易获得人才。

用人制度主要包括前面讲到的选人用人、人员培训，以及后面将重点讲到的绩效评估、薪酬激励等方面。而这些也正是很多小团队的不足之处，不同程度地导致了团队用人制度的不完善、不合理、不规范。

接下来将对小团队在用人制度上的不足进行详细介绍，如图3-11所示。

明确了上述不足之后就应该尽量避免和修正，作为团队管理者首先要做的就是，从制度层面入手，完善制度，给每位成员营造一个好的工作环境。下面是具体方法。

（1）坚持"以人为本"

在人才竞争越来越激烈的时代，管理者应充分认识到，人才是

- 选人用人机制的不足

  缺乏科学的选人计划，选才渠道单一，甚至还存在着"裙带关系"，任人唯亲

- 薪酬激励机制的不足

  缺乏合理、有效的薪酬激励制度，无法科学分析下属需求，更无法针对不同需求使用不同激励措施

- 绩效评估机制的不足

  评估标准模糊，评估方式单一、不透明。评估过程缺乏大众参与和监督

- 人员培训机制的不足

  缺乏有效的培训，或者过于注重形式不重效果，缺乏对培训效果的有效评估，难以达到预期目的

图3-11 小团队在用人制度上的不足

创造价值的最重要资源。做团队必须把更多注意力放在人才开发和合理使用上，并且要积极主动关注他们的需求，变控制为尊重、变管理为服务，从而吸引和留住更多优秀人才加盟，促使团队人才优势成为团队最大的资源。

（2）善于制度创新

用人制度创新是指通过改变和优化组织内部的人力资源管理、激励机制、培训与发展等方面，提高每个人的工作效率和满意度，实现组织目标的过程。

比如，引入灵活的工作安排，尝试实施弹性工作时间、远程工作或者灵活的工作地点，以提高团队成员的工作满意度和工作生活平衡；建立多元化和包容性文化，在招聘、晋升和团队合作中采取措施，鼓励多元化和包容性，以减少歧视、促进人员的创造力和创新能力；激励和奖励机制创新，设计激励和奖励机制，使其更加公平、有吸引力，并与组织的目标和价值观相一致。例如，设置个人和团队目标，并给予适当的奖励。

（3）覆盖每个细节

制度建设既是团队管理宏观层面的工作，也是微观层面的工

作。换句话说就是制度不是"花架子",必须覆盖工作的各个方面,面面俱到,细致入微,再小的工作也需要相应的制度进行规范和约束。在用人上,主要体现在以下几个方面。

① 人才选用制度。要把好选人关,建立公开、透明、公正的选人制度,对于特殊人才的引进要进行公开竞聘。同时,要适才录用,不片面看重学历、工作经验,或者专业背景,只要能胜任工作,能适应团队需求即可录用。

② 福利和关怀制度。建立福利和关怀制度,提供全面的员工福利计划,包括健康保险、弹性福利、心理健康支持等,以满足员工的基本需求和提升他们的福利感。

③ 职业规划与发展制度。制定个人发展计划,提供职业规划指导和晋升机会,激励团队中的每个人都能持续学习,提升自己。

④ 学习和培训制度。建立完善的培训和发展计划,为每个人提供学习和成长的机会,以增强他们的技能和知识,提高他们的绩效和创造职业发展机会。

吸引人才不能单靠管理者的个人能力和情怀,还得靠制度,无规矩不成方圆。很多管理者会认为管理制度是多余的,其实不然。如果一个团队不遵循统一的规章制度,肯定会乱套。合理的管理制度,完整的工作流程,可以优化团队管理的过程,提高团队管理效率。

3.5.2 薪酬留人:有奖有罚,奖罚分明

薪酬体系是一个系统、完整的体系,它包括基本工资、奖

金、津贴、福利多个方面。然而，很多管理者只在某一个方面上下功夫，无法综合起来运用。因此，即使基本工资较高，或者福利较好，对人才仍没有足够的吸引力，这就是缺乏完善薪酬体系的原因。

薪酬体系不完善，与实际需求脱轨，成了小团队留不住人才的主要原因，现在越来越多的小团队管理者充分认识到，设计科学合理的薪酬体系非常有必要。

案例4

某团队人员流动性非常大，为进一步稳定下属，团队负责人决定对薪酬体系进行改革。最主要的一项就是设置多层次的薪酬体系，除基本工资外，还设置了岗位工资、绩效工资、业绩提成、加班工资以及福利性的补助等。

具体标准如表3-14所列。

表3-14 某团队薪酬类型及标准

薪酬类型	具体标准
基本工资	不低于该地区年最低工资标准
绩效工资	参考同行业、同一岗位绩效标准
业绩提成（提成/计件/研发项目奖金）	销售岗位根据合同规定按照比例计算；生产岗位根据工作任务的相关规定按照数量计算提取费用；技术类岗位按研发成果转化相关所得收入；管理类岗位无此工资
绩效奖金	基本薪酬+岗位工资总额的20%，试用期不享受绩效奖金
加班工资	根据基本薪酬标准按照国家相关法律法规计发
福利性补助	按照当地基本养老保险、基本医疗保险、工伤保险、失业保险、生育保险标准统一发放

> 通过丰富薪酬体系,该团队大大减少了下属的流失,还激发了下属的工作积极性。

上述案例正是因对薪酬体系进行完善和改革,才得以扭转人才危机。可见,建立符合人才需求的薪酬体系已经成为留人的首选。薪酬是团队整体和人才个人之间的利益一种等价交换,科学合理的薪酬体系无论对团队还是对个人而言都是有利的。对于团队而言是吸引人才、提高工作效率、改善团队绩效,最终实现战略目标的重要方式。对于个人才来说能够起到保障、激励、稳定以及价值实现的作用。

薪酬体系对人才的激励作用主要体现在4个方面,如图3-12所示。

图3-12 薪酬体系对人才的激励作用

(1)保障作用

薪酬是人才与小团队达成的一种供求契约,是团队对人才付出的一种补偿,是对下属基本需求的一种满足和保障,比如,基本生活需求、维持健康需求、学习和知识技能提升需求,以及获得社会地位和尊重需求等。薪酬的多少对人才本人，及其社会关系的生活状态、生活质量都会产生非常大的影响。

（2）调配作用

薪酬对人才基本需求的保障是站在个人利益角度而言的，薪酬体系更大的作用是调配作用，这种作用是针对团队及利益而言的，团队管理者往往会通过对薪酬的调节来激励人才在团队中的行为，既包括工作绩效，也包括工作态度。无数事实证明，调节的幅度与对行为的影响大小成正比，如果人才对自己的薪酬不满意就会消极怠工、工作效率低下和忠诚度下降。反之，就更容易工作积极，创造更优良绩效，发挥更大的潜力。

（3）稳定作用

薪酬可以增强人才对团队的归属感和忠诚度，从这个角度讲，薪酬具有稳定人心的作用。当薪酬能满足人才的期望时，他们就愿意留下来；当薪酬不能使人才满意时就会产生跳槽之心。

（4）价值实现作用

薪酬水平的高低也往往代表了人才能力大小、地位高低以及在团队中的重要程度。因此，薪酬在某种程度上是人才价值大小的体现，高薪者能力高，体现的价值越大，反之，能力低，价值小。

薪酬体系的建立应该兼顾团队整体利益和个体利益，因为每个行业、每个团队，以及每个职位的要求不同，其薪酬也应该有所差异。为了体现薪酬的公平性，小团队管理者在参考行业标准、整体利益的同时必须兼顾人才与人才之间的个体差异。

3.5.3 情感留人：小团队更应该重人情

华为有一句话"感情也是生产力"，管理者如果能利用好情感，做好每位成员的情感工作，很大程度上就可以坚定他们留在团队的信心。因此，做好留人工作很重要的一点就是重视对情感的培养，满足下属情感的需求。然而，很多管理者正在犯这样的错误，缺乏对人才的关注，从而导致关系恶化，矛盾重重。

案例5

美国一家农场，农场主杜克拥有下属上万名，年盈利几亿美元。究其原因，主要在于杜克善于用情感留人，同时，还能激发下属对企业的依赖和忠诚。

杜克对下属非常关心，有一次，他计划买下湖边的一块地和一艘废船，将它改建为小型的度假村，供下属休闲玩耍。

财务人员试图说服杜克放弃这项计划，因为，这将是一项巨大的烧钱工程，已经远远超过企业的财力。

作为老板，杜克并不是不知道这种情况，也知道这计划一旦实施将是什么结果，那就是企业将会面临巨额债务，甚至破产。但他转头一想，那些整日辛勤劳动的下属们更需要一个身心放松的地方，于是便抛开这一切决定去干。

后来，杜克坚持买下这块空地，耗费了大量的物力财力，终于建成了一个小型度假村。正是杜克对下属的这种"爱的奉献"，大大激发了每位下属的工作激情，每位下属都拼命工作，公司的效益也扶摇直上，仅仅半年的时间，建造度假村的财务缺口很快就被填补上了。

上述案例颠覆了大多数人"情感留人"不可取的谬论，情感这东西是个潜移默化的过程，一旦被人接受，其蕴含的能量往往是很大的。那些认为情感无法留人的团队或个人，必定是没有付出真感情，比如，有些管理者也十分关心自己的下属，但在付出时总是兼顾着利益因素，一旦超出利益范畴则会停下来。

一个团队是否真正地为下属着想，关键看是否尊重下属，心甘情愿地为下属付出。只有真正甘愿付出，下属才能感受得到，并从内心深处产生荣誉感和信任感。

所以，小团队管理者必须重视对人才感情的培养，仅有制度、薪酬这些硬性的方法是不可靠的，最主要还是让他们对团队产生情感，以留在团队中为荣。培养人才对小团队的情感，具体可从以下3个方面做起。

（1）了解特殊需求

了解人才的特殊需求，是培养人才对工作、对团队产生情感必不可少的做法。大多数团队在满足人才需求时，只注重共性需求，却忽略了其特殊需求。的确，团队每个人都处在一个大集体中，其需求通常会表现出很多共同性，但就每个个体来说又具有其独特性。了解每个人才的独特、个性化需求，是对人才最大的尊重，也是最容易令人产生满意之感的方法。

了解人才的特殊需求具体可采取问卷调查法，即通过问卷调查的方式来了解下属在工作方面的满意度。同时要结合面谈，认真细致地倾听其想法，最大限度地发掘其特殊需求。

工作满意度调查模板如表3-15所示。

表3-15 工作满意度调查模板

类别	选项等级			
	1	2	3	4
目前的工作状态	老一套	全靠自己	还算满意	挺不错
现在所得薪酬	比该拿的少	不保险	正常	十分满意
获提升的状况	不公平	按能力升级	按资历升级	几乎没有
上司的情况	粗暴无礼	基本上不管	事事管	恰到好处
目前同事的情况	讨厌	不好讲	认真负责	聪明能干

（2）根据特殊需求，优化工作设计

优化工作设计是指，通过对工作进行调整，使工作与人才的能力更加匹配，同时，也可以使人才在工作中被激励、获得成就感。

具体设计方法可以采取以下3项措施：工作轮换、工作扩大化、工作丰富化。

① 工作轮换。这是工作的一种纵向扩张，是指定期在不同的工作之间进行轮换，可给人才更多的发展机会，使人才掌握更多的技能，同时，增进不同工作间人才的理解，提高协作效率。

② 工作扩大化。这是工作的一种横向扩张，是指当人才在某项业务上有质的突破时，同时提高他的工作待遇，旨在让其更高质量、更有创意地完成工作，获得更大的成就感。

③ 工作丰富化。通过对工作内容和层次的优化，使人才在计划、组织、控制及评价等各项管理活动中更多地参与，提高人才参与管理的积极性。

（3）多沟通，正确处理工作中的抱怨

在工作中总会有人存在这样或那样的抱怨，这些抱怨会直接导致不满，从而引发离职。因此，管理者如何来解决这些抱怨就显得异常重要。抱怨产生的原因有很多，既有团队的客观因素，如工作条件过差，上下属关系、同事之间的关系恶化，也有自身原因，如对某工作期望值过高、心情的影响等。

团队管理者必须留意人才的一言一行，观察其在工作中的状态，发现问题及时处理，将问题消灭在萌芽状态。处理工作中的抱怨最有效的办法是沟通，常见的沟通方式如表3-16所示。

表3-16　与人才沟通常见的6种形式

面谈形式	主要内容
工作会议	这种形式的沟通，通常是指团队上下之间定期或不定期地举行各种会议，比如晨会、晚会、例会等，每天一次或每周一次
工作报告	这种形式的沟通，是指下属以书面报告的形式向上级反映工作中遇到的问题、意见和见解，上级通过审阅，再将结果反馈给下属
业务联络	这种沟通方式广泛应用于部门与部门之间的业务往来，同一部门内人员之间运用比较少。因为需要双方的有关领导签字，所以这种方式更准确、更可靠
征求意见	这是一种单向的沟通方式，仅限于下属向上级，目的是使上级更充分地了解和把握基层工作的现况、存在的问题等。比如，团队设立意见箱或信访箱等

续表

面谈形式	主要内容
面对面交谈	这是一种最直接、最简单的沟通形式,一般运用于上级与下属之间的单独交谈。某一事情,不便于集体讨论,或公开沟通时,大都采取面谈的形式
发布公告、通知等	这种形式是一种单向的沟通方式,用于上级向下属,以及向团队全体成员传达命令、指示。这种方式范围最广,但是缺乏互动性,与以上几种形式相比,在信息接收的程度上有很大的局限性

以上是最常用的几种沟通方式,多形式的沟通,更有利于消除分歧、统一行动、维护团队利益,进而提高团队的整体效益。

值得注意的是,这几种沟通方式各有利弊,管理者需要综合分析,取长补短,根据特定的情况采用最合适的方式,为全体员工营造一种良好的、公开的沟通气氛。

一条以信任、尊重为纽带的感情线,对留住人才是非常有帮助的。但需要注意的是,人才对团队的感情应该建立在互惠互利的基础上,没有利益支撑的感情是非常不牢靠的,对团队管理者也会有很大的压力。

3.5.4 文化留人:留人贵在留"心"

在人力资源有限的今天,优秀人才扎堆流向好团队、大团队,那些业绩不好、规模较小的团队则陷入了人才贫乏,过度流动的漩涡之中。造成这种"冰火两重天"的根本原因是小团队缺少文化支撑。

相比于薪酬留人、制度留人、情感留人,文化留人持久性更强。如今,在很多大型团队里,团队文化显得越来越重要,贯穿于人力资源管理的每一个环节，处处彰显着以人为本的管理理念。

案例6

如今家电行业竞争很激烈，人才竞争也趋于白热化，然而格力却显得异常不同。这是因为格力非常重视团队文化建设，注重用文化来培养人、感染人。

格力从不用"空降兵"，从骨干到基层下属全部靠自己培养，很多刚毕业的大学生到了格力一律接受正规的培训。因此，格力也被誉为家电行业的黄埔军校，也正因为如此，格力的下属非常有自豪感和归属感。很多企业暗中挖格力的人，但很少挖走核心人才，即使开出天价年薪。

格力的企业文化和价值观

企业精神：忠诚、友善、勤奋、进取
经营理念：制造最好的空调奉献给广大消费者
管理理念：创新永无止境
管理特色：合理化、科学化、标准化、网络化
服务理念：您的每一件小事都是格力的大事
人力资源理念：以人为本

格力下属之所以如此忠诚，是因为很多人已经适应了格力的企业文化，很难再接受另一种文化。对此，格力也很自信，据董明珠说，格力从不怕别人来挖人，因为他们有自己最核心、最独特的文化，所以造就的必然是坚不可摧的团队。

良好的团队文化传递给人的是一种正能量，比如，对人的尊重、良好的工作氛围、强烈的归属感等。团队文化能使下属激发出一股强大的力量，这是金钱、制度无法做到的。综上所述，团队最需要以"文化"来留人，以文化为出发点和落脚点，这也充分反映了某个团队的价值观。

优秀的团队文化是吸引人才、稳定人才的关键。然而，优秀的团队文化形成不是一朝一夕之事，需要长期慢慢积淀。那么，小团队管理者如何通过文化来留人呢？

（1）持续建设团队文化

文化建设是团队得以发展的内在力量，只有不断地建设、完善团队文化，团队才更有凝聚力，更易留住人才。

从这个角度来看，团队管理者有义务提出自己的意见和见解，尽最大的能力协助相关部门，或相关人员完善团队的文化建设。

很多团队文化建设效果不好的关键在于，团队高层和策划者对文化的特点缺乏清晰认识，无法把握其规律性。团队文化永远处在一个发展变化的状态，不同的发展阶段，其文化建设的侧重点也有所不同。团队不同阶段的文化特点，如表3-17所示。

表3-17　团队在不同发展阶段文化建设的特点

所处阶段	特点	文化概述	管理者的做法
起步阶段	管理者主导文化	这个阶段的团队文化在某种程度上就是个人文化，老总文化。典型的是，只要提起这个文化理念首先想到的就是该团队的老总	把个人影响力打出去，利用团队高层的威望、社会影响力吸引人才，不过这是留人的最初阶段，最终还需要依靠更吸引人的东西参与进来

续表

所处阶段	特点	文化概述	管理者的做法
快速发展阶段	制度主导文化	当团队发展到一定规模后，就需要有完善的制度，以制度来规范发展，促进团队的正常运营	体现在各种团队制度上。即以完善的制度、良好的发展平台来吸引人才，这是团队发展的中级阶段
成熟阶段	精神主导文化	团队文化的精髓所在，也是一个成熟团队的标志	文化是以精神引导为主，很多体现在细节上。比如，团队宣传栏是公司高层领导的照片，还是普通下属的？成熟的团队是后者

建设团队文化除了注意团队所处发展阶段之外，还要考虑到不同团队间的差异。比如，团队的定位不同、地域不同、业务模式不同、目标客户群不同、内部利益关系不同等，这些都可能会影响到团队文化。

所以，团队文化一定要协调好共性与个性的关系，体现自身的特色，不能盲目地跟从和模仿，否则就无法反映团队的内在价值观。

（2）有效执行

团队文化在逐步完善之后，最重要的是有效地去执行，保证与精神层面的价值观一致，制度层面的奖惩标准一致，行为方式层面的语言、行动一致。

团队文化要得到真正执行，可从两个方面入手：一个是制度的保障；一个依靠自觉性。

① 制度的保障是指，要有完善的制度。这些制度要以团队文化反映的精神为导向，然后，在此基础上结合不同工作，形成完整

的、系统的具体方案。

② 依靠自觉性是指，文化不能完全靠制度。团队文化的执行是需要制度的维护，但仅仅靠制度是不够的，关键在于执行的人认同这种文化。团队文化的执行过程是逐步被接受、被认可的过程。文化要固化于制、内化于心，外化于行，一个良好的团队文化只有内化于下属的心中，才能外化于每一个行为中。因此，团队文化在执行过程中，必须充分重视和强调人，由谁来执行。

三流团队留人靠金钱，二流团队留人靠人情，一流团队留人靠文化。利用良好的团队文化挽留人才，才是一流的团队。

由此可以得到启发，留住人才的法宝，就是让下属主动融入团队，接受团队文化，始终处于一个和谐的、积极向上的工作氛围中。

第 4 章

会沟通：

打破部门墙，实现跨部门的无障碍沟通

沟通是小团队管理工作的主要内容，没有沟通就没有管理。曾有研究表明，管理中70%的错误都是由于不善于沟通造成的。对于小团队来说，内部沟通效率的高低，直接影响着管理者决策的制定，及每位成员的工作效率。

4.1 组建跨部门小团队的背景

跨部门小团队是小团队的一种重要形态,除少数创业型小团队外,大部分都是跨部门小团队。这种团队是以企业为基础,按照组织原则,利用各部门的资源建立起来的,同时又独立于各部门,是一种特殊组织形态。

以某企业的产品研发与生产为例,在这个过程中,跨部门团队是不可缺少的。为支持产品的成功面世,至少要组建3种不同功能的小团队,具体如图4-1所示。

三个团队的人员全是来自各个不同部门,市场、销售、研发、财务、技术、采购、制造等。三个团队有机组合,相互协作,构成

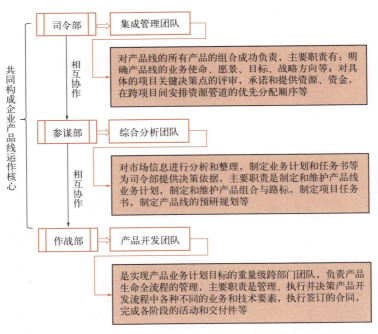

图4-1 3种不同功能的小团队及相互关系

产品线运作的核心。当然，若有必要，还可以组建其他团队，分别发挥各自不同的作用。

小团队在很大程度上就是一支跨部门团队，大家为完成某项任务，被企业从各个部门抽调集中在一起，临时组成的特殊团队。之所以要组建跨部门小团队，通常出于以下几种考虑。

（1）解决复杂的问题

某个问题或项目涉及多个部门或领域，需要不同专业、技能和知识背景的人员协同合作，通过跨部门团队可以整合各方资源，共同解决复杂的问题。

（2）跨功能需求

某些任务或项目需要从不同职能部门的角度进行分析、决策和执行。跨部门团队可以确保不同职能部门之间的协作和协调，有效地满足组织的综合需求。

（3）业务流程整合

在业务流程重组或整合的过程中，跨部门团队可以消除职能部门之间的壁垒，优化业务流程，提高效率和协同效应。

（4）创新与变革

为了推动创新和变革，企业可能需要打破传统的部门边界，形成具有多元视角和跨部门合作能力的团队。这样的团队能够引入新的思维和方法，促进创新的产生。

（5）提高绩效与协同效能

跨部门团队可以加强不同部门之间的沟通和协作，提高工作效率和绩效。通过有效的资源整合和协同配合，企业可以实现更高水平的绩效和协同效能。

跨部门团队的背景源于组织面临的复杂性、多元性和协同性的挑战。通过组建跨部门团队，可以整合各个部门的优势和专长，促进信息交流和协作，提高企业的综合能力和竞争力。

4.2 深度沟通，将跨部门人员凝聚在一起

内部沟通是小团队管理工作中重要的一环。只有深度沟通，才能实现信息的上通下达、资源的互通有无，发现工作中存在的问题。反之，领导搞一言堂，什么都一人说了算，这样的团队就形同虚设，毫无战斗力。

4.2.1 事前准备，明确沟通目标

跨部门组建的小团队，从建立、发展到壮大，每时每刻都可能出现这样或那样的问题。在这个过程中沟通必不可少，沟通到位再大的分歧也能达成共识，沟通不到位很小的障碍也可能成为大山，横亘在双方之间。

为保证沟通到位，双方在沟通前必须有明确的目标。在实际工作中，很多小团队管理者对此并不重视，他们的做法常常是这样的：需要配合时把对方拢在一起，简单地介绍一下需要配合的事项。比如，项目经理要销售部、市场部合作共同写一份市场报告。

项目经理:"张经理、王经理,15号要开市场报告会,你们两个部门这几天都辛苦一下,写一份市场分析报告。记住,一定要加快进度,时间比较紧。"简单几句话就把工作任务分配下去了。结果是对方要么拒绝,要么爽快答应,但在执行时非常低效。

为什么会这样?原因就是张经理、王经理根本不知道自己应该做什么。也许会把问题复杂化,开始踢皮球,也许会把问题想得简单化,觉得不就是写个市场报告?无非把分内工作总结一下,提一些无关紧要的建议。事实上,项目经理并非这么想,真实的想法是希望两部门做得更多,比如,做市场调研,深入了解客户需求,测算市场份额,提出对客户有价值的营销方案等。

这种情况,其实就是沟通目标不明晰导致的。项目经理内心这么多想法,并没有对目标进行明确界定,也没有与即将执行该想法的销售、市场两部门进行深入沟通,达成共识。其实,在小团队内部沟通中,类似这样的现象很多,因沟通目标不明确导致问题频发。

由此可见,沟通必须有目标,这里的"目标"可以分两层含义来理解。

(1)第一层:认清自己的目标

管理者要认清自己的沟通目标,无论沟通什么事情,对自己的沟通目标要有一个具体、明晰的认知。这就需要管理者在沟通之前,考虑清楚此次沟通的目标,是为了警醒下属不要再犯错误,还是对下属工作进行实际指导,让其对自己的工作有清晰的思路,以及为了达成这个目标,自己需要做哪些准备工作。当把这些问题想清楚后,再进行沟通,成功的概率就非常高了。

(2)第二层：认清对方的目标

除了认清自己的沟通目标外，也要认清对方的目标，这对于正确理解对方的思想状态、能力现状、绩效表现非常重要。

比如，与下属沟通，如果不清楚下属的诉求，则根本无法有针对性地进行应对。认清自己的沟通目标容易，但要认清下属的则比较难。作为管理者需要将如表4-1所列的6个基本问题搞清楚。

表4-1　管理者认清下属沟通目标需要解决的6个基本问题

问题	具体内容
1	下属如何看待这个工作任务，对预期目标是如何理解的
2	下属是否理解这个工作和他自身目标的关系
3	下属是否理解这个工作与团队大目标的关系
4	下属是否理解做这个工作对于自己技能提升的作用
5	下属是否理解做这个工作对于自己绩效表现的影响
6	下属是否理解做这个工作对于自己职业发展的影响

只要能解决以上6个问题，基本就可以认清下属的目标。如果下属对这些问题没有思考或没有想清楚，作为管理者应该采取措施，务必与下属达成共识。

在沟通之前，管理者要在头脑当中，把这些问题像过电影一样过一遍，在内心打个腹稿，避免沟通时出现偏差。同时，将这些问题在沟通中无形中传达给下属，帮助他们正确认识工作任务和自身工作的关系，让下属从内心认可该工作任务，明晰未来的工作方向。

4.2.2 开始沟通，并掌握对方情况

与人沟通时，要想说服对方，在沟通之前应该尽可能多地掌握对方的情况。这就像打仗，开始前必须侦察清楚对方的部署、军力及战斗力，以获得更多的情报。情报越多，越容易找到对方的漏洞，打开争取胜利的缺口。

小团队管理者在与下属沟通前，也要将对方的有关情况了解清楚，尤其是对新加入的成员要充分深入了解。只有这样，才能发现对方的需求，并及时根据需求调整沟通对策，达到沟通目的。

一般情况下，需要了解下属的4种情况，如图4-2所示。

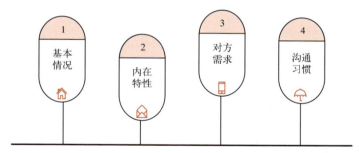

图4-2 沟通前需要了解下属的4种情况

（1）基本情况

下属的基本情况是沟通之前必须掌握的，包括性别、年龄、现任团队的职业、岗位、之前的岗位、工作履历等。这部分信息可以通过对方在原部门的职业履历或一些公开资料获得。

（2）内在特性

内在特性包括一个人的性格、工作风格、处事方式及兴趣喜好。了解下属的内在特性比基本情况更重要，直接决定着沟通的

效果。比如，根据对方的工作风格，可以在对方心理状态最佳的时间进行沟通；摸准对方的喜好，可以采用对方喜欢的方式进行沟通。

（3）对方需求

了解对方的需求是实现沟通目标的重要保证。在沟通前，管理者要直接或间接地了解下属的需求，并在沟通中尽量给予满足。需要注意的是，需求有显性的，也有隐性的，预先了解隐性需求相对困难些，可以在沟通过程中多听少说，边谈边思考，从谈话中挖掘隐性需求。

（4）沟通习惯

不同的人有不同的沟通习惯，有的比较严肃，有的比较活泼。针对下属不同的沟通风格，管理者要采用不同的谈话方式。比如，对方是个严谨的人，那应该采用正式一点的沟通方式，尤其是在沟通环境的选择上，如果过于活泼，沟通效果会大打折扣。反之，针对活泼外向型的，就要采用活泼点的方式，过于严肃可能会让对方感觉到压力。

人的习惯是多样的，尽量多照顾一下下属的习惯，会让对方更舒适。尽管这不是沟通目标达成的必要条件，但出于人与人之间的友善也必须重视。

4.2.3 进行有效沟通，信息有效流转

许多小团队管理者常常会说："我们内部沟通非常频繁，无论上下级之间，还是平级之间都会进行交流，我们也会针对相关的工

作进行交流,可是为什么内部的执行还是一团糟呢?"或者他们会说:"我们经常开会,并且平时也会在一起讨论问题,可是为什么问题始终得不到有效的解决呢?"

以上问题的关键原因,是他们只是单纯地进行了沟通,或者打造了比较完善的沟通体系,却忽略了一个最重要的问题,那就是沟通的有效性。有效沟通的核心是让信息流转起来,即说者说得清,听者听得懂,发出的一方准确表达,而接收的一方也精准接收,并理解这些信息。

只要信息流转起来沟通就畅通了,就能产生价值。然而这些都是说起来很容易做起来难,想要真正做到有效沟通就要严格按照步骤进行。一般来说,有效沟通的步骤有如图4-3所示的4个。

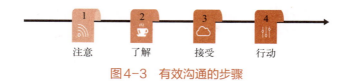

图4-3 有效沟通的步骤

(1)注意

"注意"是指沟通要能引起被约谈对象的足够重视、关注,或谈话兴趣。作为小团队管理者,在与团队成员沟通时,所谈话题或谈话方式一定要能引起对方的倾听兴趣。只要对方有进一步沟通的愿望,那就成功了第一步,至少为沟通的继续创造了条件。

(2)了解

"了解"是指双方在初步交流后,管理者要想办法寻求一种与团队成员的"共同语言",即双方在同一个话题上找到共同语言,当双方找到共同语言之后,整个谈话氛围就会变得相对轻松,彼此之间原有的隔阂和本能防备也会消除。更为关键的是，双方会因共同语言而加深了解。

（3）接受

"接受"是指被约谈对象能够充分认可、接受交谈者的观点、命令、意见或者建议。经过前面两个步骤，谈话双方已经比较了解，而且整个谈话氛围也被带动起来，这个时候双方开始建立起最基本的信任，对方更加容易接受提出请求或者建议的一方。

（4）行动

"行动"是指被约谈对象接受命令、意见或者建议之后，立即采取相关的行动，以践行自己的任务，并努力达到预期的目标和满足对方提出的要求。

以上4个步骤还可以总结成3个阶段：第一阶段，沟通双方初步接触，立场不一致，表达方式不相同，很容易产生误解和矛盾；第二阶段，双方了解开始不断加深，彼此愿意谈论一些共同经历，表达方式开始相互融合，彼此之间也能相互理解；第三阶段，双方共同话题越来越多，表达方式开始趋于一致，理解和信任程度进一步加深。

4.2.4 深度沟通准则：保罗·格莱斯准则

关于深度沟通，除了需要按照以上步骤做外，还有一个重要的保罗·格莱斯准则要遵守。该准则是著名语言学家、哲学家保罗·格莱斯在1967年提出的一套"合作原理"，在这个原理中，有四条基本准则，如图4-4所示。

图4-4 保罗·格莱斯准则

（1）量的准则

量的准则是指沟通时所说的话应该满足双方所需的信息量，不能过少，也不能过多。小团队管理者与下属的沟通属于上下级之间的沟通，这样的沟通常出现的问题是，一方所说的话无法满足另一方所需的信息量。

比如，上级问："你准备如何去完成这件事？"下属给出的答案往往是"一切都计划好了"。其实，这样的回答就是信息量不足。违背了保罗·格莱斯准则中量的准则，无法形成一次完整的沟通。

（2）质的准则

质的准则是指沟通所说的话要具有事实依据，符合真实性原则。这一准则要求沟通的信息必须是真实的、有依据的。

比如，上级问主管："基层调查的事情做得怎么样了？"而这位主管由于什么也没有做，为了不受责备，便谎称已经完成了大部分任务，甚至夸大其词，伪造调查报告，这样的对话其实就违背了质的准则。

（3）关系准则

关系准则是指相关性，即沟通双方不能随意改变谈话的方向或者主题。如，部门主管问道："这次的会议，经理究竟说了什么？"

下属回答说:"我已经呈交了那个方案。"在整个沟通中,双方的沟通完全脱节,根本没有太多的联系,因此,整个沟通无疑是失败的。

(4)方法准则

方法准则是指在沟通中不要用晦涩难懂的语言,避免理解上的错误或歧义。比如,"三个部门的经理下达了指令"这句话,就很容易令人误解,因为它包含多层含义:

第一,三位经理参加了会议,他们分别来自三个部门;

第二,一个经理来参加会议,他身兼三个部门的经理职务;

第三,经理有很多人(不止三个),他们来自三个部门。

很明显,由于所表达的意思有歧义,很容易导致另一方产生误会,这样的沟通就违背了方法准则。

对于保罗·格莱斯准则中的方法准则,是有要求的,具体如图4-5所示。

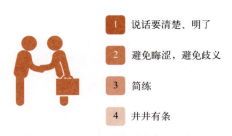

图4-5 沟通方法准则的4个要求

格莱斯准则通常作为沟通的原则和标准来使用,它有助于沟通双方形成对话的默契,并依靠这些有价值的沟通为接下来的执行奠定基础。任何一个小团队想要提升内部沟通,需要将格莱斯准则当成基本的沟通准则。

4.2.5 分析问题,并有针对性地解决

如何处理好沟通中各方产生的冲突,是摆在管理者面前一个棘手的问题。针对矛盾,是压制下去,还是放之任之,或者持欢迎态度?相信每个管理者都有自己的想法和处理方式,冲突并不可怕,可怕的是不会解决。

解决方法不同,结果也大相径庭。对于小团队管理者而言,遇到与各个成员的沟通冲突,同样要注重解决问题的方式。先分析冲突起源类型,即由什么原因引起的。然后,根据原因,采取相应的措施。

引起沟通冲突的原因通常有如图4-6所示的4种。

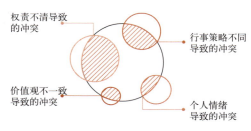

图4-6 引起沟通冲突的原因

(1)权责不清导致的冲突

沟通的双方权责不清,往往是导致沟通冲突的主要原因。权责不清导致的后果就是,管理失位,工作中分不清哪些责任是应该承担的,哪些是不该承担的。秩序混乱,漏洞百出,出了问题相互推卸责任。

解决权责不清的问题很简单,只需两步。第一步,明确责任的归属,赋予部门或岗位承担与自身权力对等的责任。第二步,在团

队中为每个角色进行清晰的定位和明确的分工,按照"谁管理,谁负责,谁主管,谁负责"的原则,各司其职,各负其责,协调配合,通力合作。

没有绝对的公平,也没有绝对的平等,作为管理者要善于针对团队成员的不同特点和情况,因材管理,利用手上的资源,对权责利进行不同比例的调整。

(2)行事策略不同导致的冲突

个性和认识深深地影响着一个人的行事策略,而每个人的个性和认识又是千差万别的,这就使得每个人的行事方式也存在很大差异,这些差异不消除在沟通中就会产生冲突。

解决这类矛盾的方法是,让沟通双方都认清各自的坚持己见对工作是不利的,同时,用实际行动告诉他们,如果换一个角度,甘愿做出让步又将会带来哪些好处。用实际好处来化解他们内心的固执,只有双方的固执化解了,矛盾也就消除了。

这类冲突,只是处事方式的不同,没有本质上的对与错。作为管理者不能武断地说某一方对还是错,更不能将某一方贬得一无是处。最好的办法就是用事实说话,让双方都看见彼此的长处和劣势,用最终的成效让双方都心悦诚服。

(3)价值观不一致导致的冲突

价值观是沟通中一个潜在的巨大不稳定因素,价值观不同的人,从根本上是无法沟通的,一个人的价值观与他的家庭环境、受教育程度以及成长环境有关,其形成过程是长期的,在短时期内很难改变,因此,价值观的冲突是长期存在的。

那么,价值观不同的人如何顺利沟通,避免发生冲突呢?需要遵守一个十二字原则"尊重包容、求同存异、换位思考",如图4-7所示。

尊重包容

尊重即理解对方的观点和立场,接纳他们的不同意见,理解每个人都有不同的背景、经历和信念,保持开放的心态,不轻易贬低或批评对方。
包容即耐心倾听对方的观点,并试图理解他们的思维方式和背后的价值观。通过提问和探索,深入了解对方的立场,以便建立更好的共识和理解

求同存异

尽量找到双方观点中的共同之处和共同目标,将注意力集中在共同的兴趣点上,这有助于缓解紧张气氛,并寻求合作和共同解决问题的可能性。
同时,在表达自己的观点时,避免使用攻击性语言或情绪化的言辞。尽量用事实和逻辑来支持自己的观点,以增加说服力

换位思考

设身处地地考虑对方的角度和利益,并试着理解他们为什么持有不同的观点。这种换位思考可以帮助你更好地理解对方,并促进共情和沟通的理解。
如果双方之间直接沟通无法达成共识,可以寻求一个中立的第三方作为调解人或咨询师,引导双方进行有效的对话和解决分歧

图4-7 沟通避免发生冲突的十二字原则

价值观不一致的人顺利沟通的基础,就是需要双方都抛开己见,持开放的态度,相互保持尊重、包容和理解。

(4) 个人情绪导致的冲突

由情绪因素导致的沟通冲突,相对而言比较容易处理。原因是,情绪是可以感知和理解的,完全可以通过一些方法来强制管理

和调节,从而使冲突得以缓解,甚至消除。以下是处理情绪导致沟通冲突的建议。

① 先让自己冷静下来。作为管理者,当意识到自己或对方的情绪正在影响沟通时,尝试让自己冷静下来。暂时停顿对话,深呼吸或离开一下,以帮助你恢复冷静和理性。

② 表达自己的感受。选择一个适当的时机,以非攻击性和理性的方式表达自己的感受。使用"我"语句来描述自己的情感和体验,而不是指责对方。

③ 使用积极语言。尽量使用积极的语言和措辞来阐述观点,避免使用攻击性或情绪化的言辞,以减轻紧张和冲突。

④ 寻求共同利益。回到问题的核心,寻找双方的共同目标和利益。集中注意力解决问题,而不是陷入情绪争吵。

⑤ 寻求妥协或共赢方案。尝试找到一种折中的解决方案,使双方都能得到一些满足感。寻求共赢的解决办法,以便双方能够共同接受。

注意,处理情绪因素导致的沟通冲突需要双方的合作和努力。最好的方法是学会控制,同时充分理解对方的情绪,表达自己的感受,寻求共同利益帮助缓解冲突并重建有效的沟通。

4.2.6 融入情感,提升谈话感染力

在上下属的沟通中,很多管理者认为应该保持严肃认真的态度,尽量以严密的思维、客观的事实、足够的理性来组织语言,表达观点,似乎只有这样做才能够真正显示作为领导的权威,才能让谈话产生震慑力。

比如，内部会议和演讲，管理者几乎都会非常理性、非常严肃地谈论某个话题。可事实恰恰相反，以逻辑思维、理性思维的方式很难说服他人，反而会阻止听者理解、接受沟通信息，甚至让对方无法产生"共鸣"。为了达到更好的沟通效果，有时候需要让沟通变得更加感性才行。

而让谈话变得感性的有效方式是运用情感，让严肃的沟通多一些人性化的味道。

案例1

在某次内部会议上，马云与所有与会者谈到了下属离职的问题，这个话题很严肃，几乎会令所有高层感到压抑。按照这样的路径，大多数人都会阴着脸，批评跳槽的下属见利忘义、目光短浅。可是马云一反常态重新定义了离职问题，而且表达方式非常人性化，让下面的人听得甚至有些亲切。

原话是这样的：

"下属的离职原因很多，但其实就两点：一、钱，没给到位；二、心，委屈了。归根到底就是一句话：干得不爽。下属临走时还得费尽心思找靠谱的理由，就是为了给你留面子。不想说穿你的管理有多烂，他对你已失望透顶，仔细想想，真是人性本善。"

马云的这番话满含包容和体谅，并且还有躬身反省之意，因此很容易就赢得了下面人的一致认可。多年来，马云一直保持这样的感性。例如，1995年马云刚创办中国黄页的时候，由于缺乏资金，常常连工资也发不出去。有一次，公司准备发

8000元工资给下属，可是账户上只能提出来2000元。马云直接将事情告诉了下属，并且非常愧疚地向下属道歉。下属们觉得马云为人真诚，于是纷纷表态即便几个月拿不到工资也愿意跟着马云做事。

正是马云重感情，人性化的表态让他备受尊重，这也是阿里巴巴员工归属感非常强烈，多年来跳槽率一直非常低的原因。

作为管理者，要善于运用情感来打动他人，让更多的人愿意留在团队中工作。有关情感交流的巨大魔力，可以从沟通的本质来理解。沟通的本质是传递信息，但又不仅仅是将信息传递出去就可以了，还需要将信息转换成大脑更容易接受的形式。比如，信息编码，将复杂、难以理解的信息转化成通俗易懂的信息；信息包装，想办法将信息转化成更容易被人接受或者更容易打动人心的形式。

而在沟通中加入情感因素就是包装的一种方式，可以提升语言的感染力和影响力，因为情感交流本身就是有效沟通的一部分。

人是有情感的，情感是维系人与人之间关系的重要媒介，沟通中融入情感因素能有效拉近人与人的距离。反过来说，如果一个团队成员之间的情感破裂，彼此之间不信任，甚至丧失，那么整个团队就会处于解体状态，内部的沟通与协作也基本不复存在，这个时候谈论目标与理想就等于对牛弹琴。

需要注意的是，虽然情感在沟通中非常有必要，但这并不意味着可以过度运用。要想精准把握情感的利用度，恰到好处地服务与团队沟通，管理者需要把握一些基本原则。具体如图4-8所示。

感情要真挚

最佳的沟通状态应该是心灵的交流，而交心需要做到真诚，因此情感交流应该保持感情的真挚，应该由心而发地说出那些打动人心的话，而不是为了制造感人的氛围而故意煽情。那些喜欢情感表演的人，往往不能真正说服和影响他人，更不可能引导他人按照自己的意愿行事

投入要恰到好处

缺乏感情会让整个沟通显得生涩，让彼此变得过于"职业化"，但感情投入过多则会让人觉得有些虚情假意，而且还会因为情绪受到的波动太大影响正常交流，导致信息传递不完整。好的情感交流应当把握分寸，最好能够随着沟通的进行而变化节奏，尽量做到保持自然以及点到为止

图4-8　在沟通中融入情感的原则

只有把握好这两个基本原则，情感交流就会发挥出它真正的优势，才会赢得更好的沟通效果，而团队内部才能够产生更强大的凝聚力。

4.3　消除沟通壁垒，打造无障碍沟通

4.3.1　用制度去约束，避免沟通失衡

用制度来约束人与人之间的沟通，许多人认为是不现实的，因为沟通属于精神、情感层面的，无论过程还是结果，很难用硬性的制度加以控制。例如，大家在面对面地交谈、开会，或者利用社交软件探讨某个话题，很多时候是随心所欲，随感而发的，若强行规定一定会影响沟通效果。

其实不然，可以换个角度去看待这个问题，所谓用制度去约束，不是约束和限制沟通的人，而是沟通的内容。从本质上讲沟通

是人与人之间思想、感情、信息传递和反馈的过程，目的是追求思想一致、感情通畅、信息交换，而这些都具有被管理的属性。

比如，在制度中可以明确规定，向下属传达命令必须在会议上正式提出，形成决议，并确保下属真正收到；听取下属工作汇报时，必须以工作汇报的形式进行反馈；遇到重大事件时必须召开全体下属大会，经商议得出统一结论后，才做进一步决定。

再比如，为了更好地管理和掌控团队成员之间的沟通，确保整个团队合理有序地运作，管理者会制定明确的、详细的制度，来强化和引导成员的沟通行为。比如，规定能做什么，不能做什么，怎么做？何时做？为什么做？做到什么程度？

管理对于团队的发展和良好的人际关系至关重要。下面是一些关键方面，可以帮助你更好地管理自己的思想、感情和信息。

（1）思想管理

① 自我反思。定期反思自己的思维方式、信念和价值观，并考虑是否需要进行调整或改变。

② 积极思维。培养积极乐观的思维方式，关注解决问题的可能性，而不是沉浸在消极的思维中。

③ 学习与成长。持续学习和进步，通过知识和经验的积累来丰富思考和提高决策的能力。

（2）感情管理

① 情绪识别。学会识别自己的情绪，并了解情绪背后的原因和影响。

② 表达与控制。学会以健康的方式表达情感，并掌控自己的情绪，避免情绪过度影响决策和行为。

③ 自我关怀。照顾自己的情感需求，寻找适合自己的方式来缓解压力和保持心理平衡。

（3）信息管理

① 更新信息。及时更新过时的信息和校正错误的信息，以确保信息的准确性和实用性。定期检查和更新信息档案，删除不再需要的信息。

② 评估信息可信度。在信息管理过程中要注意评估信息的可信度和准确性。验证信息来源的可靠性，关注信息是否经过权威机构、专家认证或有备受信任的来源支持。

③ 保护信息安全。确保信息的机密性、完整性和可用性。采取适当的措施来保护信息免受未经授权的访问、损坏和丢失，如密码保护、安全备份等。

④ 合法合规。遵守适用的法律和规定，特别是涉及个人隐私和数据保护方面的法律要求。确保在信息管理过程中遵循相关的道德和法律准则。

从这个角度来看，沟通是完全可以用制度来约束和规范的，通过对沟通内容的强化，来确保沟通行为的有效性。

制度在整个沟通体系中发挥着重要的作用，缺乏制度约束或制度不明确会导致团队的多种不良后果，具体内容如图4-9所示。

制度对沟通的约束和引导作用主要表现在两个方面。

第一，明确团队成员能做什么、不能做什么，同时对一些不遵守规定的行为进行惩罚。比如，团队管理者为了让所有成员按时上下班，就会规定迟到早退者要罚款，或者被通报批评。

某项工作如果不能按时完成，执行者就会遭受相应的处罚，遭

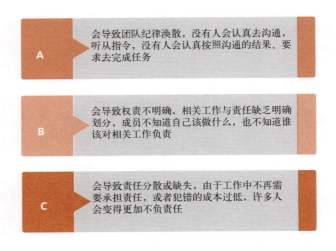

图4-9 缺乏制度约束导致的后果

到批评或者被扣除当月奖金,后果严重的还有可能会被降级处理。最常见的是绩效考核制度,团队给执行者下达指令后,通常会设定一些工作考核标准。在绩效考核中,团队会通过各种奖励和惩罚来约束成员的执行行为,确保他们保质保量完成任务,确保执行者能够按照管理者的意愿工作。

第二,制度本身也代表一部分沟通的内容。制度这种沟通往往具有强制性,比较严肃,而且要求团队成员必须服从。从团队发展的角度来说,制度的形成和完善都是内部相互沟通的结果。比如,一个团队在成立之初,往往不会有太多的制度和条条框框,成员之间更愿意通过日常交流来达成默契。但随着团队的日益成熟,沟通问题也不断出现,不规范的沟通已经无法解决问题,这个时候需要通过一些更强有力的沟通方式来维持彼此关系,这就是制度。

比如,几个人一起创业,初期创始人带着团队一起做,每位成员都能自我约束,不受他人监督,也会按照事先约定完成任务,这个阶段大家都会尽心尽力,忠于职守。可一段时间之后,有些人开始迟到早退,有些人工作开小差,擅离职守,这种情况,依靠相互监督往往是不行的。为了防止问题恶化,几个人约定谁都不得迟到、早退,并将这个规定上升到规章制度范畴,编写到日常管理制度当中。

与此同时,还应设立必要的考核制度,对违反制度的人进行惩罚,比如,规定一个月内迟到早退两次,将会扣除当月的全勤奖。

这就是一个依靠制度实现团队内部沟通的特例,制度的形成过程其实就是沟通的过程。从无到有,从简单到详细,从口头约定变成权威文字,随着团队的发展而不断完善,随着工作环境的变化而不断更新。

4.3.2 打造沟通基因,形成固化沟通体系

为保证团队内部的良性沟通,就必须让沟通成为团队不可或缺的一部分,形成符合团队自身发展的沟通体系。然而,团队的良性沟通是有"基因"的,这些基因包括沟通文化、沟通氛围,及管理者的沟通意识、沟通技巧、沟通习惯等。

沟通基因不仅解决了"如何沟通"的问题,还解决了"培养和引导正确看待沟通这件事"的问题。以沟通文化为例。

沟通文化是团队生存和发展的基础,是走向成功的基础。沟通文化的建立,需要管理者带头发起。正如沃尔玛、通用电气、华为等优秀企业,无不强调沟通文化,它们的创始人都会定期与下属交流,真心听取下属的意见,并根据意见进行优化和改进。

最著名的是沃尔玛的"星期六晨会"。这个会议是一个开放性

会议，参加人员不受部门、级别限制，议题只要与工作有关就行，甚至合作伙伴、供应商都可以参加。与会者可以畅所欲言，甚至发生激烈的争论。

然而，基因的形成并不是一朝一夕的事情，它涉及多个方面。除了需要有良好的沟通文化做基础外，还要建立畅通的沟通渠道，培养管理者的沟通意识，鼓励全员参与，形成一个约定俗成的，能够覆盖整个工作环节的，时时刻刻都可以进行的沟通体系。

总结起来就是如图4-10所示的3点。

图4-10 沟通基因的形成和打造方式

（1）沟通的固化

我们平时的沟通大多是自发自愿的，但管理中的沟通则不是这样，它是作为管理中的一个重要环节，一项基本任务存在的。这就需要对沟通进行固化，以便让沟通这个行为形成规律、规范的习惯。

其中最常见的固化方式就是上面我们提到的制度化，把沟通写入团队管理规章制度，形成条例，人人必须遵守。

比如，团队规定一些重要的、大型的会议召开，必须要明确地点和时间。现如今大多数企业都有固定的内部会议，尤其是每月、每季度或者年底的大会，都是约定俗成的，每个人都不准无故缺席,并会纳入绩效考核之中。

除了将沟通行为制度化外,还有一种固化方式就是对流程的控制、监督。任何一个优秀的团队,都必须将管理者的监督以及执行者的信息反馈进行流程化管理。比如,许多团队都明确规定,管理者在做决策时要多次审核,有第三方的监督,并且做好相应的记录;执行者在执行完一个环节后同样需要及时反馈信息,提交工作报告。

监督和反馈是沟通非常重要的固化方式,这种方式往往会对沟通习惯的形成产生深远的影响。

需要注意的是,固化只限于正式沟通范畴,沟通的范围非常广,尤其是非正式沟通,往往无法制度化。比如,同事之间、上下级之间非正式的闲聊则没有必要制度化,设想一下,规定同事之间每天需要说几句话或者交流几分钟,或者规定上下级之间的所有交谈都要做记录,显然这些是无法真正落实的。

(2)沟通的日常化

每个人每天都要说话,都要传递和接收信息,这本是沟通的最原始状态。应用到小团队管理中也应该保留这一特性。

团队沟通无处不在,下达指令、接受命令、信息共享、信息反馈、工作报告等都融入工作的各个方面,以及每一个环节和细节。这就意味着,无论大事小事都要进行沟通,规定的沟通事项必须及时沟通,规定之外的也同样能够落实。总之,无论有事没事都尽量加强交流,避免出现大事主动沟通,小事三缄其口,有事成同事,没事成路人的尴尬局面。

沟通的日常化,更多的是一种态度和意识,更是一种内部文化，想要做到这一点，需要团队全体成员养成良好的沟通意识，平时有主动与人沟通的意识，这种交流并非局限于工作上，还包括一些生活话题的交流。

真正良好的沟通氛围应该是自然、流畅的，只有保持自然，沟通才会产生更大的作用。而为了做到日常化交流，团队内部还需要保持信息通道的畅通，比如上下级之间应该时刻保持可以沟通的状态，从而方便随时随地进行交流。

内部交流平台需要保持开放状态，这样团队成员就可以及时在平台上发送和接收信息，像公司的内网或者内部的社交平台，最好保持全天候的开放状态，方便员工查询资料、分享信息。

（3）沟通的体系化

任何一个团队想要提升沟通效率，一定要形成沟通体系。这个体系包括很多，如沟通对象、沟通渠道、沟通意愿、沟通文化氛围，及其他所有与沟通有关的内容。尽管内容很多，但核心非常聚焦，集中解决三个问题，如图4-11所示。

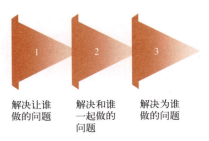

图4-11 沟通体系重在解决三个问题

① 让谁做。

团队虽小，但管理工作一点也不轻松，很多工作依靠管理者自己是很难完成的，必须授权来完成。因此，打造沟通体系需要解决的第一个问题就是"让谁做"。

这个问题在本质上是一种授权或任务托付,即管理者准备将工作以及相关的执行权交给谁,或者认为谁最适合来做,通过详细沟通,将相关要求详细地告知执行者。这种授权几乎贯穿整个团队的运作。

② 和谁一起做。

关键是寻求合作,而在小团队这种特殊的组织结构中,寻求合作就必须打破部门墙。部门墙是阻碍内部合作的最大障碍,许多小团队的执行力、工作效率之所以低就是因为部门墙太多,以至于内部合作时层层受阻,致使内部成员陷于单打独斗之中。一个合理的沟通体系必须能打破部门墙,将所有人联系在一起。

③ 为谁做。

目的是打破本位主义的思维局限。本位主义会导致各部门、各成员陷入个人主义,凡事以个人利益为主,而置团队利益于不顾,这样就打破了内部的平衡与合作,使团队陷入分崩离析的状态。"为谁做"就是要打破本位主义,培养团队成员的大局观,事事从大局出发,站在团队的高度上来看待问题。从而促使整个团队保持同一个方向和目标,打造一个科学完善的沟通体系。

综上所述,固化是一种保证,日常化是一种状态,体系化则是一个最终的目标。只有解决了这三个问题,团队内部沟通才可能畅通无阻,才会高效合理。

4.3.3 均衡沟通,避免"木桶效应"

管理学家彼得曾提出一个"木桶理论",是指一只由许多长短不一致的木板箍成的木桶,人们关注的往往是最长的木板,最短的总是被忽略。但木桶盛多少水则是取决于最短的木板，而不是最长的。正因为如此，木桶中最短的那块木板就成了制约木桶盛水量的决定性因素。最短的木板有多高，木桶里的水位上限就有多高，这就是木桶效应，如图4-12所示。

图4-12 木桶效应

木桶效应在小团队管理中也非常常见，最典型的就是管理者往往只重视那些业绩好、爱出风头的成员，也愿意倾公司之力，花更多时间和精力去培养。而那些表现不好的成员常常会被边缘化。相应地，那些业绩好、爱出风头的成员成了管理者约谈的重点对象，这部分人具有很大的话语权。反之，被冷落、不受重视的人毫无存在感和归属感，从而丧失工作的积极性和动力，甚至越来越封闭，这个时候整个团队竞争力将会变得越来越弱。

这都是沟通失衡造成的，从竞争的角度看，一个团队在放大自身优势的同时，还需兼顾其劣势和短处，让整个团队均衡发展，而均衡发展首先就要从均衡沟通开始。均衡沟通首要任务就是确保管理者对所有成员都一视同仁，不能有三六九等，更不能因亲疏远近、价值不同而双标对待。

比如，在庆功会上，一些管理者会不断强调某个部门或某个成员做得非常出色，将所有荣誉集中在核心人物，却没有想过整个项目的实施、完成是团队所有人共同努力的结果。哪怕只提出一条宝贵建议的人，也是为团队做出了贡献的。一味犒劳和赞赏核心人物，无疑会让那些参与者感到心寒。这种偏袒做法有可能会导致团队出现分裂，意味着一部分人所做的努力、贡献是不被认可的。

为了确保内部沟通的平衡，管理者需要先改变自己的态度，在沟通上，一定要做到公平、公正，确保每个人都可以获得相应的话语权。有位企业家曾经说过："在公司里，我骂得最多的是那些能力偏弱的人，赞美最多的也是这些人，因为他们才是需要关怀、激励和重视的一群人。"这样的态度才是一个出色管理者该有的态度，才是一个优秀掌控者应有的觉悟。

在沟通中，做到平均分配，平等对待，这是对所有成员的尊重，也是提升小团队内部凝聚力的基础。除此之外，下属也要主动和管理者进行沟通，越是不受重视，有时候越是应该主动去证明自己，通过有效沟通来表现自己、展示自己，主动将自己拉回到管理者的视野当中。

4.3.4　借助多元化渠道，实现全方位沟通

充分利用各种沟通工具，借助多元化渠道实现全方位沟通，已经成为新媒体时代重要的趋势。无论是大企业还是小团队都需要整合多种沟通工具，实现团队信息、思想的全方位交流。

借助多元化渠道进行沟通对于小团队有很多优势。比如，更有助于管理者更好地了解员工的个性化需求，确保信息准确、及时地传递下去。再比如，管理者可以根据具体情况采取最有效的沟通方案，从而节省时间、精力，提高效率。

那么，小团队管理者如何实现多元化沟通呢？可以按照如图

4-13所示的做法进行。

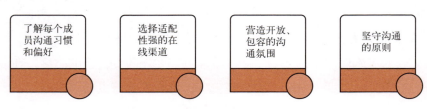

图4-13 实现多元化沟通的做法

（1）了解每个成员沟通习惯和偏好

实现全方位沟通，需要充分认识团队每个成员的沟通习惯和偏好。有些喜欢面对面交流，可以更直接地感知对方的情感和态度；而有些则可能更偏好于新媒体，通过多形式的互动来表达自己的想法和观点。

而有时候，沟通内容也会影响到沟通方式的选择。比如，对于需要详细阐述和深入讨论的问题，可以选择使用视频会议；对于需要即时反馈的沟通场景，可以选择使用即时通讯工具。

因此，团队领导要深入了解每个成员的沟通习惯和需求，以为他们提供合适的沟通方式。在选择某种方式之前，明确沟通任务的具体内容及沟通的受众，是高层的政策磋商，还是与下属的日常工作安排。

（2）选择适配性强的在线渠道

实现全方位沟通需要借助现代科技手段，如在线协作平台、即时通讯工具等，都可以帮助团队成员在不同地域、不同时间进行高效的沟通。

常用的在线渠道有企业微信、腾讯会议、钉钉、Zoom等，具体介绍如表4-2所列。这些工具提供了丰富的沟通形式，如文字、语音、视频等，可以根据不同场景和需求进行选择。

表4-2 常用在线沟通渠道介绍

常用平台介绍	具体介绍
腾讯会议	一款功能齐全且操作便捷的在线会议软件，无论是免费版还是付费版，均支持语音、视频、聊天等多种交流方式，能够满足多人同时在线的需求，便于远程会议和团队协作的顺利进行
企业微信	一款企业通信与办公工具，让内部的沟通变得更高效。团队成员可以通过文字、语音、视频进行即时通讯，满足不同场景下的沟通需求。同时，支持多人在线协作，可以共享文件、编辑文档，实现信息的实时同步和共享
钉钉	一款专为工作场景设计的互联网沟通协作平台，它不仅支持语音、视频、即时通信等核心功能，还能够与OA、ERP等企业管理工具进行集成，从而有效提升工作效率
Zoom	一款面向企业及个人用户的专业在线视频会议平台，能够支持数百人同时在线，提供语音、视频、屏幕共享等功能，同时，它还拥有多重安全机制，能够全面保障用户的信息安全

在选择线上渠道时，务必充分考虑渠道类型、特性，功能完备性、操作便捷性、安全可靠性，同时紧密结合团队实际需求。

（3）营造开放、包容的沟通氛围

为实现全方位沟通，在依赖各类技术与工具的同时，团队内还需积极构建一种开放且包容的沟通氛围。这种氛围能有效激发团队成员的积极表达欲望，促进成员间的深入交流与合作，进而提升团队的凝聚力和创新潜能。

在开放、包容的沟通氛围下，团队成员会克服表达顾虑，积极分享各自见解与经验。当新想法或创意涌现时，团队成员将积极展开讨论与评估，共同探寻最佳解决方案。这种文化氛围将进一步激发团队成员的创新精神，鼓励他们勇于尝试新方法与新思路，从而推动团队不断迈向新的发展高度。

（4）坚守沟通的原则

多元化沟通不仅是形式上的变革，更是内在的转变。为实现真正意义上的多元化沟通,需严格遵循信息社会有效沟通的两个基本原则,即信息传播的有效性和与沟通对象的互动性。

信息传播的有效性要求我们在传递信息时确保内容实质、精练,避免冗长繁琐的文字或无关内容。通过提供简洁明了的信息,有助于节省对方的时间与精力,提高信息传递效率。

与沟通对象的互动性则强调我们在沟通过程中需与对方保持积极的交流与互动。这可以通过及时回复评论、定期举办问答活动等方式实现,有助于增强参与者的互动体验与黏性,同时获取更多有价值的反馈,以不断优化、提升沟通质量。

4.4 跨部门小团队内部沟通常出现的问题

一个优秀的团队不是大家和和气气,也不是大家都是高学历,而是能高效、持续地出成绩。但由于是跨部门团队,不同部门之间的职责和利益有所差异,常常会出现一些问题。以下是跨部门小团队内部沟通中常见的问题。

4.4.1 语言障碍

跨部门沟通出现最多的问题是语言障碍,由于不同部门的沟通方式、沟通习惯以及使用的沟通术语不同,当来自不同部门的人员组成新团队时,沟通难度势必会加大,从而导致问题重重、效率低下。

针对这个问题,最有效的解决方法是建立统一的沟通体系、沟通环境,使用相同的管理语言。业务规则、财务规则、议事规则、行为规则等都要有一套约定俗成的，在所有人心中达成共识的语言体系。

管理语言是现代企业管理的基础，尤其是在业务复杂、管理层级多、体量大，人员多和专业程度高的企业。管理语言如果无法做到统一，就会加大信息传递难度，让执行力大打折扣。引入小团队管理后，统一的管理语言同样可以提升执行力，小团队管理语言体系通常有4种形式，如图4-14所示。

图4-14　管理中的4种管理语言

（1）确认指令

执行某项决议必须建立起基本的"确认指令"语言，这类语言关乎沟通效率，甚至成败。比如，上下级就某一通知进行沟通，上级在传达时丢失或弱化了某个关键信息；而下属在接收时也没有意识到，或者意识到了没有及时、准确地反馈给上级，这样的传达就是无效的。

案例2

拉卡拉有个"十二条指令"的规定，该规定是对"确认指令"语言的很好诠释。条令明确规定：下属收到上级指令必须在第一时间明确回复。简单的指令回复"收到"，并重复指令；复杂的指令回复执行要点，如果需要支援也要在回复中明确提出。

拉卡拉的"十二条指令"为所有企业在"确认指令"上提供了一个很好的模板。下面总结拉卡拉"十二条指令"的3个要点，具体如表4-3所列。

表4-3 "确认指令"的3个要点

要点	具体内容
用相同渠道回复	必须以相同的渠道回复，以确保上级收到
在第一时间回复	收到指令必须在第一时间回复，每次都要回复，直到上级不再回复
视情况而回复	指令往往分为简单任务和复杂任务：简单任务只需确认收到及重复指令即可；复杂任务则需要预计何时完成，实施要点，无法完成的明确提出支援条件

这里一定要注意任务难易程度的辨别，难易程度不同，回复方式也不一样。任务是简单还是复杂，是由接收人决定的，接收方要根据自己的实际情况分辨。

（2）会议记录

会议记录是记录会议的详细情况、具体内容的一种文本，是一种非常重要的管理语言。会议记录将会议中产生的重要知识点记录下来，形成会议结论和落实方针，以供相关人员参考。按照规定，会议记录会作为企业文献，存档备查，以备未来不时之需。

很多时候，难的不是开不好会，而是做不好会议记录。做好会议记录至少要做到5点，如图4-15所示。

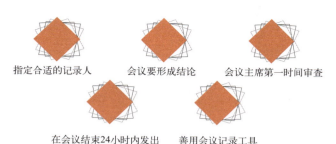

图4-15　做好会议记录至少要做到的5点

需要提醒的是,在做会议记录时工具的选择非常重要。"工欲善其事必先利其器",工具可以大幅提升会议记录的效率和准确度,必要时还可以在会议结束后,对记录进行查缺补漏。

常用的会议记录工具有钉钉、腾讯会议等,识别度比较高,功能非常强大,录制完直接把会议内容自动提炼出来。

(3)备忘录

备忘录是对预设事件随时随地做的简单描述。这种管理语言最大特点是即时性高,用以确认、提醒接收人,在短时间内或马上去做某件事情。而且形式也比较灵活,可以是纸质的,也可以是电子邮件、短信、微信等。那么,如何撰写备忘录呢?把握两点即可,一个是撰写技巧,一个是撰写时机。

撰写技巧包括如表4-4所列的内容。

表4-4　备忘录的撰写技巧

技巧	具体内容
1	交代清楚备忘录的目的
2	简明扼要描述事件,如有多个事件,最好一句话说明一个事件
3	使用语言一定要准确,避免接收人产生歧义
4	最后一句话总结,告知接收人尽快做出反馈

通常在3个时候需要撰写备忘录：第一，与上级谈完工作之后；第二，需要将自己的想法传达给同事，或相关部门时；第三，需要将与合作伙伴的一些约定传达给对方时。

（4）日清邮件

日清邮件是比较传统的管理语言，要求对收到的所有邮件，在发件人发出的24小时内必须作出答复。之所以要这样做，对于发件人而言，是及时反馈的需要，便于对方开展下一步工作；对自己而言是保证工作效率，养成良好的工作习惯。

当发现自己可能无法做到日清时，要"及时报告"。及时报告分为及时求援、及时通报、及时汇报、及时回报4种形式。4种形式使用情况不同，具体如下。

① 及时求援。

及时求援适用于当发现自己可能无法完成任务，需要援助时。求援的对象可以是上级、平级，也可以是下属。

② 及时通报。

及时通报适用于自己看到的、遇到的或正在做的，可能对自己合作者产生影响的情况，需要将情况向相关方说明时。目的是让对方尽早知晓，更好地协作自己的工作。

③ 及时汇报。

及时汇报是向上级发出的一种提醒，以在需要时请上级出手干预。适用于发现新情况、采取新的措施时。需要注意的是，这种情况仅限于自己的上级，不能越级。

④ 及时回报。

及时回报是特别针对自己所承诺的对象的。比如，与A合作完成一项工作，只负责向A汇报工作的完成情况，这个对象可以是上级，也可以是平级、下属。

需要注意的是，这种形式需要承担相应责任。即当你将工作中的问题及时反馈给对方，对方没有根据你提供的情况调整工作，导致预期没有实现，是不承担责任的；如果没有及时反馈，无论什么样的原因导致预期没达到，你都是要负责任的。

案例3

笔者在安排工作时，习惯使用的一个方法便是"一五十"工作法。即将一项任务分成三个阶段，10%的时候汇报一次，50%的时候汇报一次，100%的时候汇报一次。

10%时汇报一次是防止在文字层面有理解上的误差，因为在沟通初期，双方即使达成了共识，很多事情也是没有办法100%表述清楚的。所以，在完成10%的时候汇报，就可以判断对方对任务的理解与最终预期是不是一样。比如，要写一篇策划案，10%应该是完成大纲。

50%汇报第二次，重点是检查对方对整体项目的进一步完成程度。这里的50%有两层意思，一是工作进度到50%，二是工作时间到50%，这两者谁先到谁汇报。工作进度先到50%了，时间没到就先按工作进度汇报；工作进度没有到50%，工作时间到50%的，也得主动汇报。

假设某个任务要求10天完成，第5天必须汇报一次。而且这一次汇报会有一个默认的协议，如果项目需要延期必须告知。也就是说完成一个任务要10天，10天预估可能无法完成，可能要12天或者15天。延期不是最重要的，重要的是必须在50%这个时间节点汇报一次，否则就默认10天必须完成。

最后就是100%的时候汇报，这个时候的汇报就是全面的总结报告，需要严格按照总结报告要求去写。

笔者会对团队中每个人进行明确说明，让每个人养成及时汇报的习惯。而且这个习惯并不只针对长期任务，即便3个小时的任务也是如此。早上9点布置的任务要求12:00完成，也是按照这个要求执行。倘若无法完成，必须在10:30之前进行汇报，说明无法完成的原因，如果等到11:00才汇报，则就违反了规定。有规矩的日清才能叫日清，才能被称为具有真正执行力的日清。

4.4.2 信息不对称

跨部门构建的小团队在沟通中最容易出现第二个问题就是信息不对称。由于沟通双方所掌握的信息来源不同、多寡不均、需求匹配度不高，以及各自对信息的理解偏差等，直接导致沟通双方在同一问题上产生误解。

比如，某企业为某产品而制定的生产计划，计划部门与销售部门常常就会出现信息不对称。原因是他们获取信息的来源不同，计划部门来源于上级的规划，而销售部门来源于市场和客户。

为什么会出现信息的不对称？这需要从团队高层和基层下属两个层面去考虑。一方面高层人为封锁和垄断信息；另一方面基层缺乏真正意义上的信息传递和反馈意识。

（1）团队高层对信息的垄断和封锁

团队高层对信息的垄断和封锁是沟通信息不对称的重要原因之一。很多小团队高层领导不公开信息成为处理信息的习惯。这是因为他们从内心深处没有意识到信息共享的重要性，认为过多地公开信息会造成信息的泄露，影响到团队，乃至企业的整体利益。

另外，一部分领导出于私欲，为了谋取薪资、权力、晋升等个人利益，进一步树立自己在团队中的权威，可能会对信息进行封锁和控制。

（2）基层缺乏信息传递和反馈的意识

团队基层大都负责具体执行工作，因此，对工作开展的实际情况了解更多，看得更清晰，把握得更精准。但他们往往缺乏向上反馈的意识，或者防御心理，担心下情上达会危害到自身的发展，给自身带来损失和麻烦，不会将信息完整、准确、及时地反馈上去，而是对信息进行过滤，想方设法只传达对自身有利的，隐瞒可能对自身造成不利的。

明确原因之后，接下来就是制定有针对性的解决方案，鉴于这种情况，最有效的解决办法是建立一个全面的信息共享机制，确保信息高效、充分地上通下达。具体有如图4-16所示的4种做法。

1. 沟通双方必须真正意识到信息分享的重要性
2. 加强沟通渠道的建设，维持信息传输通畅
3. 调整团队气氛，塑造沟通文化
4. 确立团队目标，减少沟通中的冲突

图4-16　建立全面的信息共享机制的做法

（1）沟通双方必须真正意识到信息分享的重要性

沟通信息的传递是双向的，如果领导只向下属，或下属只向领导进行单向传递，而不设法去了解对方的想法，必然会加剧沟通中的"信息不对称"。双方只有从意识层面认识到信息分享的重要性，才会真正做到信息传递和分享。

尽管信息不对称是团队高层和基层双方共同造成的，但责任更多在于高层领导。因为，在团队沟通中，由于职位、权力本身的不对等，主动权更多在领导手中。有时候，下属隐藏信息、拒绝沟通的动机，也可能来源于反馈很少受到领导的重视，或者曾经反馈的问题没有得到有效的解决。久而久之，下属就可能会丧失进一步反馈的积极性和主动性。再加上，部分领导过分威严、不愿体恤下属，还可能让下属产生恐惧心理。

作为高效沟通的主导者，只有让下属感受到支持和信任而非风险的时候，下属才会袒露自己的心声。因此，导致信息不对称的根本原因在于领导无法为下属创造良好的沟通条件。即使有部分反馈也是"报喜不报忧"，存在"恐惧心理"，缺乏积极性，这样的沟通只会导致团队沟通"信息鸿沟"越来越大。

（2）加强沟通渠道的建设，维持信息传输通畅

加强沟通渠道的建设，目的是通过多种正式或非正式渠道，维持信息传输通畅。一方面，让管理者及时了解企业内部的真实情况，了解下属意愿；另一方面也让下属充分表达自己的所思所想。

正式沟通渠道，比如，定期召开会议，集中接受下属的反馈意见，对内部沟通做一个相应的量化规定，对下属的反馈渠道标准化。

非正式沟通渠道，是指团队中除正式沟通渠道外的信息交流平

台。当正式沟通渠道不畅通时，非正式沟通渠道会起到十分关键的作用。比如，内部杂志、网络平台，及能让下属随时表达自己情感、反馈的平台。

（3）调整团队气氛，塑造沟通文化

沟通文化是团队文化的亚文化，是团队文化中不可缺少的一部分。塑造优秀的沟通文化，最重要的是要树立沟通的价值观念，同时还需要完善各类有效的沟通机制，真正的沟通不是演讲、报告，而是一种文化环境，是双向的互动，是情感的交流。

企业中和谐的人际关系是优化沟通环境的前提，平常可多开展一些群体活动。如球赛、下属舞会、聚餐及其他形式的交流活动，中心思想是活跃企业内部气氛，增进下属情感，如此有利于沟通的进行。工作中鼓舞下属之间彼此交流、协作，强化组织成员的团队协作意识，增进人际关系的和谐，进而优化沟通环境，以此来提高沟通的气氛和基础。在工作中成立伙伴关系团队等，增加上下属之间交流的机会。

（4）确立团队目标，减少沟通中的冲突

由于上下级之间考虑问题的思维方式不同，所引发的个人障碍成了团队内部沟通主要障碍之一。尽管沟通双方的个体差异是在所难免的，但从沟通角度看还是应尽量避免，通过明确角色与换位试探，来降低下属个体不同对沟通的负面阻碍。

沟通双方都应该清楚自身在沟通进程中所扮演的角色与职能，同时进行换位试探，信息发送者要考虑接收者的年龄、文化程度等背景因素，适当调整沟通方式，选择对方易于接受的语言，使接收者准确理解信息。

4.4.3 信任度低

在一个团队中,信任是有效沟通的关键影响因素之一。成员之间信任度低,在跨部门形成的团队中非常突出。各方相互不信任,将会增加沟通难度,导致一方对另一方的意图和动机产生怀疑,从而影响到工作质量。

那么,是什么导致成员之间相互不信任呢?主要原因有如图4-17所示3个。

图4-17 导致成员之间相互不信任的原因

(1)没有集体目标

跨部门成员之间信任度低的第一个原因是缺乏集体目标。如果团队成员没有一个共同的目标或愿景,他们就会开始追求自己的个人利益,而忽略了团队的利益,这可能会导致团队成员之间的竞争和相互之间的不信任。

(2)缺乏透明度

跨部门成员之间信任度低的第二个原因是团队缺乏透明度。缺乏透明度可能会导致团队成员之间的猜测和怀疑,如果团队成员感觉他们没有足够的可见性,他们就会怀疑其他成员的动机,从而影响团队的信任和凝聚力。

(3)缺乏相互支持

跨部门成员之间信任度低的第三个原因是缺乏相互支持。缺乏相互支持可能会导致团队成员之间的不信任甚至造成敌对。

信任是一个团队成功的关键因素。建立信任是一项重要的任务，因为它对团队的效率和成果产生巨大影响。通过建立互相尊重和理解的文化、提供透明度和开放性以及建立共同的目标和价值观，团队可以有效地解决成员之间的不信任问题，并实现更好的协作和完成成果。

在解决团队成员之间不信任的问题上可以采用相应的3种办法，如图4-18所示。

图4-18　解决团队成员不信任问题的3个办法

（1）建立共同的目标和价值观

团队成员应该明确团队的目标和价值观，并努力实现这些目标和价值观。领导者应该帮助成员建立共同的目标和价值观，并确保所有成员都致力于实现这些目标和价值观。

（2）提供透明度和开放性

团队领导者应该确保所有成员都能够获得关于团队目标、计划和进展的透明信息。此外，领导者还应该鼓励成员在团队中分享他们的想法和意见，以便团队可以更好地协作。

（3）建立互相尊重和理解的文化

团队成员应该尊重彼此的观点和经验，并努力理解彼此的立场和需求。团队领导者应该促进这种文化,并制定相关政策和程序以确保其实施。

4.4.4 争吵、推诿、不负责任

任何团队、任何时候都会存在争吵、推诿、不负责任等冲突,这些冲突表现在多个层面,各个阶层中。归纳起来具体有如图4-19所示的4类。

下面将结合案例一一呈现。

图4-19 团队中争吵、推诿、不负责任的表现

(1)个人与团队的冲突

团队欲派A到某个比较艰苦的地方去开拓市场,但A不愿意前往,经过与家人协商,决定不去,然而团队领导的意见也很明确,最后,A只好协商离职。

(2)工作冲突

B担任团队中人力资源的工作,由于能力突出、工作经验丰

富，同时兼任培训主管的职位。一次，公司要开展生产现场管理、职工代表大会、质量管理等工作，这些工作显然不属于培训主管的职责范围，但团队高层经过协商决定，在暂时没有合适人选的情况下，B要主管这些工作。虽然B多次表达不想接受的想法，但由于"人在屋檐下，哪有不低头"，最终还是接受这些额外的任务。

（3）利益冲突

利益冲突最直接的原因是福利、薪酬、奖金的分配不均。某团队每月的奖金、年终奖都给予各小组、各个岗位人员不同的系数，系数高低直接决定了奖金总数的多少。而在奖金系数决定的过程中，各个小组负责人、团队核心人员之间讨论、争论非常激烈，甚至互不相让、互相诋毁。最终不得不由团队高层领导来"和稀泥"，才能最终了事。

（4）成员之间的冲突

成员之间的冲突包括领导之间、下属之间、领导与下属之间等，其中以下属之间、领导之间居多。

案例4

某厂两位女线长之间的冲突。两位女线长各负责一条生产线，两条线存在着上下工位的关系，平时本就积攒着诸多争议，再加上她们性格差异，一个心直口快，一个心胸狭小，仅仅因为一个很小工序起了口角，而后演变为大吵大闹，甚至引起两条线的工人骚动，严重影响生产秩序和公司形象。

上级领导了解之后，最终按照公司相关规定给予她们各记大过1次、扣发奖金200元、当天写出深刻检讨。第二天，领导找她们谈话，共进晚餐，在轻松和谐的气氛中握手相笑。

下属之间的冲突处理起来比较容易，往往由上级领导出面即可。但领导之间发生冲突，协调起来就比较难，甚至造成不可逆转的后果，处理起来需要掌握一些技巧。

案例5

某企业空降了一位副总裁，由于与大老板董事长是同乡、同学关系，加之写得一手好文章，帮助团队处理不少棘手的事情。但此事引起了从基层依靠努力、能力、业绩成长起来的总经理的不满。这位总经理当面奚落，背地指使下属不配合对方的工作。这一切都被董事长看在眼里，只不过出于利益平衡，并没有过分追究。冷处理了此事，只要矛盾不公开化，工作搞得好，在大是大非面前相安无事，就是你好我好大家好，偶尔有些冲突也无所谓了。

团队中之所以会出现上述问题，追根究底还是沟通出现了问题，缺乏沟通的机制和渠道。对此，应建立一个明确的沟通机制，完善沟通渠道，包括定期的会议、邮件和即时通信工具，以促进相互之间的有效沟通。

第 5 章

巧激励：
用好薪酬、绩效、情感三把斧，激励效果倍增

巧妙的激励方式，可以调动团队成员的工作积极性，鼓舞士气，提高团队绩效。作为管理者，有效地运用薪酬、绩效、情感等激励手段，想方设法地调动每位成员在工作中的主动性、积极性是管理的基本途径和重要手段。

5.1 薪酬激励：规划薪酬提升队员士气

一个人无论身处什么样的团队，从事什么样的工作，对薪酬的追求永远是主要目标之一。而从管理者的角度看，薪酬则是一种重要的激励手段，发多少，如何发都是讲究技巧的。这就需要完善薪酬体系，科学合理，既符合团队整体利益，又能提升士气。

5.1.1 构建小团队薪酬激励体系

小团队有人员少、岗位设置简单等特点，因此薪酬激励有其特殊性。管理者也深谙这一点，通常以丰富的、富有创新性的薪酬体系来激励下属。

案例1

在喜茶的激励机制中，有一个以利润为中心的激励机制即利润分享制。此机制下，店长不仅可以享受本店的利润分红，还能享受其下属门店的利润分红权。大大激励了店长对下属培养的动力，形成了高效、良性的人员裂变模式。

喜茶的利润分享激励机制示意图如图5-1所示。

喜茶是直营模式，而直营的优势就是人才复制得快。以喜茶初期的发展为例，它在短短4年时间里，从4家直营店发展到300家，按平均每家店15个人算，需要在职下属4500人。这么多的人哪里来？靠的就是人才复制机制，由于又是以利润为中心，使得店长愿意把更多时间和精力放在储备店长的培养

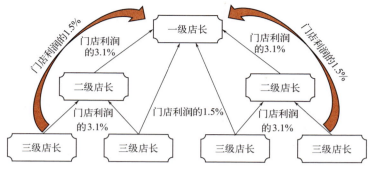

注：门店店长的工资结构，基本工资+浮动工资，浮动工资来自自身门店利润提成和下属店长的利润提成。具体提成比例，自身门店利润的0.4%+二级店长门店的3.1%+三级门店店长的1.5%

图5-1 喜茶的利润分享激励机制示意图

上，培养得越多，拿到的激励薪酬越高。

比如，A店长培养了两个二级店长B、C，二级店长又培养了两个三级店长D、F。那么，A店长就可以从B、C、D、F 4个分店长拿到不同比例的业绩提成。

喜茶这种激励机制既规避了行业中长期存在的"教会徒弟，饿死师傅"的弊端，更让店长这一中层管理者能充分发挥自己的价值，对企业更忠诚。

从这个角度看，一个小团队如果能制定出令每位成员皆满意的薪酬制度，按时、足额支付，就可以大大激励他们的工作积极性、创造性。

那么，小团队管理者如何对成员进行薪酬激励呢？首先就是设计薪酬体系。体系的设计具体可以按照如图5-2所示的7个步骤进行。

图5-2 小团队薪酬体系搭建的7个步骤

在正式设计之前,先了解一下小团队的特点:一小、三少、一多,其含义如图5-3所示。正是因为这些特点,小团队的薪酬体系构建不能采用传统的方法。

图5-3 小团队的特点

小团队的"一小"是指规模小,少的3~4人,多的也只不过10多人。"三少"是指人员少,而人少直接决定了部门少、岗位少,只有10多人的团队,有几个部门?又有几个岗位?同时,还有"一多",即事情多。虽然团队规模小,人员少、部门少、岗位少,但是涉及的事不一定少,甚至比大公司事都多。因为大公司规模都有几百号人,岗位工作内容划分得非常细致,但是小团队人员少,很多时候一个人都是身兼数职。

小团队的优势在于灵活度高,一旦作出决策便能快速执行下去，无须层层请示。鉴于此，无论构建绩效考核体系，还是搭建薪酬管理体系，都要围绕它的优势进行，一切以操作简单、便捷为准。

第一步：制定薪酬策略。

薪酬策略对薪酬制度的设计与实施提出了指导思想。它强调的是相对于同规模的竞争性企业来讲其薪酬支付的标准和差异。

例如，在薪酬水平方面，希望采用的是领先策略、跟随策略，还是滞后策略？不同的薪酬策略决定薪酬水平的定位是不同的。明确了薪酬策略，应当有针对性地开展外部薪酬调研，全面地掌握外部薪酬水平的情况，为本团队薪酬水平的确定提供依据。

第二步：确定管理原则。

① 建立健全、规范、标准的规章制度。健全规章制度，是为了能够让团队规范化运行，促使团队建设职业化展开。同时，健全制度也是在建立一个健康、良性的团队文化，为团队的长期发展奠定基础。

② 除了规章制度，还需要人性管理。"人性"的管理，并非"人性化管理"，而是基于小团队的"人性"剖析。主要从团队安全感、身份感和参与感三个方面去做，只要能够认清这三个方面，那么在团队小规模状况下，就不用担心管理的问题了。

第三步：工作分析。

依据团队战略规划与组织机构，将企业各岗位进行合理分工，规范性地定义每个岗位的名称、任职资格、工作内容，从而为企业管理活动提供各种有关工作方面的信息。其发展最终解决的是事事有人做，人人有事做。

第四步：岗位评价。

在职位分析的基础上，采取一定的方法对岗位的影响范围、职位大小、工作强度、工作难度、任职条件等特性进行评价，以确定岗位在组织中的相对价值。

第五步：确定薪酬等级。

薪酬等级通常是以岗位价值评估结果为依据（岗位价值相近的通常为同一管理等级），而建立起来的薪酬基本框架，并采取一致的管理方法确定该等级内的薪酬。需要注意的是，在薪酬等级确定的过程中，起着决定作用的是工作本身，而不是人。

小团队薪酬等级对应的薪酬模式及岗位，如表5-1所列。

表5-1 薪酬等级对应的薪酬模式及岗位

薪酬等级	对应薪酬模式及岗位
一级薪酬	固定+绩效，适合：行政岗位
二级薪酬	固定+绩效+个人提成，适合：业务员岗位
三级薪酬	固定+绩效+个人提成+团队提成，适合：管理层
四级薪酬	固定+绩效+个人提成+团队提成+部门分红，适合：总监
五级薪酬	固定+绩效+个人提成+超产奖+虚拟股分红，适合：高管层
六级薪酬	固定+绩效+个人提成+超产奖+虚拟股分红+股东分红，适合：总经理

第六步：设计薪酬结构。

薪酬结构是指团队中各种工作或岗位之间薪酬水平的比例关系，包括不同层次工作之间报酬差异的相对比值、不同层次工作之间报酬差异的绝对水平。

通常来讲，薪酬由三大板块组成：固定工资、浮动工资、福利，具体如表5-2所列。

表5-2　薪酬三大组成及对应的薪酬模式及岗位

薪酬组成	对应薪酬模式及岗位
固定工资	也叫基本工资，是一种最基本的保障性工资
浮动工资	也叫绩效工资，包括业绩提成、个人和团队业绩提成或奖金、销冠奖、全勤奖、绩效工资、年底分红
补贴、福利	出差费、餐费、交通补贴费、通信费等，以及差异化工资（不同学历、资历、经验产生的补贴）

第七步：建立薪酬管理制度。

薪酬管理制度是企业人事管理中重要的一环，也是现当代人力资源管理系统专注开发的核心功能。它决定了对下属的激励效果，而且合理的薪酬制度对于企业的发展来讲是有益的。它不仅仅能够在企业管理中稳定心态，更重要的是，它就像一根杠杆，如果找到一个正确的支点就可以拨动下属巨大的潜能，进而让激励效果达到最佳，促使下属全心全意地为企业目标努力奋斗，提高企业效益。

5.1.2　确定薪酬等级的4种方法

薪酬等级是指根据工作内容、岗位要求、绩效表现等因素划分的不同薪酬水平。薪酬等级通常由若干级别构成，每个级别对应着不同的薪酬水平。薪酬等级越高，对应的薪酬水平也越高。通常情况下，团队会将不同岗位、职级的下属分别归入不同的薪酬等级中，以便对下属的薪酬进行统一管理和分配。

薪酬等级的确定方法通常有4种，具体如下。

（1）岗位等级法

岗位等级法是根据岗位高低、责任大小、重要性而决定薪酬的一种方法，通常适用于中小团队。比如，某团队将岗位分为4个等级，那么，相应的薪酬也有4个档次，如表5-3所列。

表5-3 岗位等级法

分类 等级	岗位	职务	薪酬
第一级	高级管理层	总经理及副总经理	最高
第二级	中级管理层	部门经理	次之
第三级	基层管理层	主管	第三
第四级	无	一线下属	最低

这种方法优点是简单易行，关键是要提前合理规划几个等级。缺点是容易出现一刀切，无法照顾到下属的特殊情况，因此单独使用时比较少，常常与奖金、提成结合使用。

（2）岗位分类法

与岗位等级法类似，这类方法是把岗位分成若干个等级，然后根据岗位等级来确定工资等级，适用于岗位类型单一，或者比较少的团队。如某团队主要有管理、技术和一线下属岗位，那就可以按照如表5-4所列方式来分类。

表5-4 岗位分类法

分类 等级	管理岗位	技术岗位	一线下属
第一级	最高	最高	最高
第二级	次之	次之	次之
第三级	第三	第三	第三
第四级	最低	最低	最低

（3）因素比较法

因素比较法不受岗位、职位的限制，仅以影响薪酬的可比较因素来决定薪酬，具体方法如下。

① 选择可比较因素。可选择的因素通常有4个，分别为心理因素、技能知识、生理状态、工作条件。

② 将确定的因素与具体的工作联系起来，结合工作描述与工作说明书进行评估。

③ 找出基准岗位。基准岗位是其他岗位能与之比较而确定相对价值的岗位，通常具有稳定性、大家熟悉、与市场工资有可比性，可参照的范围广。

④ 根据可比较因素确定薪酬范畴，依据每一个可比较的因素，来确定基准工资，以及相关工资的范围。

⑤ 列出因素比较表。根据各个因素在总薪酬中所占的比重，计算出各岗位具体的薪酬数，如表5-5所示。

表5-5 因素比较法

影响因素 工资	技能知识	生理状态	心理素质	工作条件
100（元）		岗位1		岗位4
200（元）		岗位2	岗位1	
300（元）	岗位1	岗位4		
400（元）	岗位2	岗位3		
500（元）	岗位1			岗位2
600（元）			岗位3	岗位4
计算结果				
岗位1	100+200+300+500=1100（元）			
岗位2	200+400+500=1100（元）			
岗位3	400+600=1000（元）			
岗位4	100+300+600=1000（元）			

（4）点排列法

点排列法是在因素比较法的基础上，将影响薪酬的各个因素以点数来表示，然后根据每个岗位所获得的点数来决定其薪酬。操作流程如下：

① 确定关键因素，比如，技能、努力、责任、工作条件等；

② 确定关键因素的子因素，比如，技能因素的子因素为教育程度、经验、知识；

③ 确定每个子因素的等级，比如，每个子因素又可分为5个等级；

④ 规定每个子因素的等级标准；

⑤ 确定每一个子因素的权重。

以培训为例，受训人员在接受培训时对培训的内容接受程度不同，影响这种接受度的因素有很多。其中，受教育程度是不可忽视的因素之一，这里将下属受教育程度分为5个档次，分别为1级初中生，2级中专生、高中生，3级大专生，4级本科生，5级研究生及以上。

在确定每个档次的工资时可按照下表进行，如表5-6所示。

表5-6　点排列法

关键因素	子因素	权重	1级	2级	3级	4级	5级
技能知识	教育程度	15（10）	15	30	45	60	75
	经验的积累	20（10）	20	40	60	80	100
	知识的学习	10	10	20	30	40	50
生理、心理	生理条件	10	10	20	30	40	50
	心理素质	15	15	30	45	60	75
心理素质	对工作	5	5	10	15	20	25
	对企业	5	5	10	15	20	25
	对同事	10	10	20	30	40	50
	对客户	10	10	20	30	40	50

续表

关键因素	子因素	权重	1级	2级	3级	4级	5级
工作条件	工作条件 工作环境	10 5	10 5	20 10	30 15	40 20	50 25
总点数	/	100	115	230	345	460	575

⑥ 计算出每个岗位的点数,以一线销售人员和市场部经理最低薪为例进行计算,如表5-7所示。

表5-7 岗位点数分配法

影响因素		销售人员		部门经理	
关键因素	子因素	等级	点数	等级	点数
技能知识	教育程度 经验的积累 知识的学习	1 1 1	15 20 10	5 4 3	75 80 50
生理、心理	生理条件 心理稳定性	4 5	40 75	5 3	50 45
责任心	对工作 对企业 对同事 对客户	4 3 2 5	20 15 20 50	5 5 1 4	25 25 10 40
工作条件	工作条件 工作环境	1 1	10 5	1 2	10 10
总点数	/	/	280	/	420

⑦ 确定点距、级距、级范围和最低工资。

⑧ 画出工资结构图。

薪酬是下属意志的集中体现,只有充分体现下属的利益才能最大限度地被认可、被接纳。因此,薪酬制度的制定需要下属的配合和参与,下属可参与的有界定工作职责、参与岗位评估的集体评议、参与薪酬满意度调查,及参与薪酬方案、意见的反馈等。

5.1.3 划分薪酬的3种结构

由上得知,薪酬可分为固定薪酬和浮动薪酬两大类,又可细分为基本工资、浮动工资、津贴、福利等形式。

基本工资、浮动工资、津贴、福利等薪酬类型在刚性和差异性两方面呈现出各自的特征,如图5-4所示。

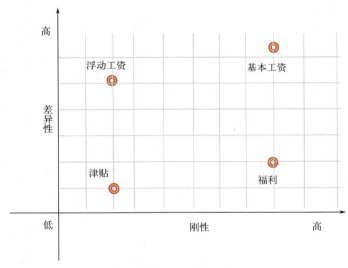

图5-4　各薪酬类型特征表现示意图

刚性是指影响各类薪酬的不可变因素;差异性是指影响各类薪酬的可变性因素。比如,基本工资具有高刚性和高差异性,浮动工资具有高差异性和低刚性,包括津贴和福利,都可以从这两个维度分析。分析情况如表5-8所列。

表5-8 各薪酬类型刚性和差异性分析情况

薪酬类型	维度特征	分析情况
基本工资	高刚性、高差异性	往往与岗位有关，稳定性强，既不能随便增加，又不能随便扣减，而且不同岗位差异很大
浮动工资	高差异性、低刚性	与下属的绩效有关，随着下属工作效率、工作成效和工作态度等变化而上下浮动
福利	高刚性、低差异性	是一种间接报酬，是团队提供给个人的一种奖励，用以保障生活、提升待遇。不同人员、不同阶段，得到的福利不会有太大的变化
津贴	低差异性、低刚性	是基本、浮动工资的一种补充，用以补偿团队成员在特殊条件下的劳动消耗及生活费额外支出，并且多与工作环境、物价水平、组织效益有关

薪酬结构就是以上4种形式，以不同比例组合在一起的集合。将各类薪酬按照刚性和差异性维度进行分析，可以总结出三大薪酬结构，具体如下。

(1) 高稳定结构

高稳定结构表现为，基本工资、福利在总薪酬中所占的比例较大，浮动工资和津贴所占比例小。

这是一种以基本工资为主，与工作绩效关系不大的结构，多适用于弹性比较小的职位。其优点是稳定性高，波动不大，可增强下属的安全感。缺点是由于减少了浮动工资的比重，可调节的灵活性大大降低，致使激励功能削弱，容易造成下属工作主动性不足。

(2) 高弹性结构

高弹性结构表现为，浮动工资、津贴占比例大，福利、基本工资所占比例小。是一种以短期绩效为主的薪酬，适用于团队中人员流动性高、业绩伸缩性较大的职位。

其优点是与工作绩效紧密挂钩，当工作绩效很高时，就可以获得高报酬，对下属的激励性较强。缺点是波动较大，会令下属缺乏安全感，同时，在成本核算时难度也较大。

（3）折中结构

折中结构是上述两种结构的结合，适当加大奖金、福利和津贴的比重，压缩基本工资的刚性比例。

这种结构兼具稳定性和激励性，既要工作绩效，又要下属有积极性。这类结构的优点是兼具激励性和安全性，稳中有进，适用面广泛，也便于企业灵活掌握成本控制。缺点是实施成本较高，各种形式薪酬平衡性往往很难把握。

需要注意的是，在同一薪酬结构中，薪酬的比例并不是一成不变的，而是处于一个不断变化的状态。从这个角度看，即使在相同的薪酬结构中，由于各部分比例不一样实际效果也不一样。比如，基本工资与浮动工资比分别为8:2和7:3，虽然同属高稳定结构，但稳定的程度不一样。

5.1.4 不同结构形成的薪酬类型

合理的薪酬结构在薪酬体系构建过程中起着重要的作用，结构不合理则会引发很多问题，最直接的问题就是成员之间薪酬差距太大，伤害低薪酬一部分人的工作积极性。

案例2

某团队高层希望快速提升团队业绩，于是，在设计下属薪酬时就加大了业绩考核部分，占到总薪酬构成的80%。该团队设计了3000～10000元5个等级的薪酬,业绩特别高的下属能拿到顶薪,但部分绩效一般的下属只能拿低工资。尽管他们很努力地工作,付出也很多,却因绩效不达标总是无法拿到匹配的薪酬。

于是,这部分下属不再努力工作,而是一门心思地拉关系,甚至跳槽,希望通过捷径得到更高等级的工资。更重要的是,团队的绩效也没有明显改善。管理层开始思考薪酬结构问题,开始进行调整,不再单单看下属的绩效,而是兼顾能力、资历、态度等多方面因素,要更加全面、公正地评价员工的工作贡献,从而推动团队整体业绩的稳步提升。

上述案例中,之所以部分下属出现"出工不出力"的情况,根源就是薪酬结构的不合理。薪酬结构是形成最终薪酬的基础,因此要解决薪酬由哪些部分构成,各部分所占比例大小等问题。

三种薪酬结构可以延伸出4种不同的薪酬类型,分别如下。

(1) 高稳定结构

高稳定结构有两种薪酬类型。

第一种:以固定薪酬为主,浮动薪酬为辅,如图5-5所示。

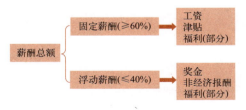

图5-5 高稳定结构薪酬类型1

第二种：以固定薪酬为主，浮动薪酬为辅，同时实现其他元素的多元化分配，如图5-6所示。

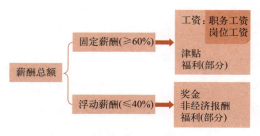

图5-6　高稳定结构薪酬类型2

第二种与第一种不同的是，固定薪酬中部分薪酬划分成了几个可调整的部分，并单独列出。

（2）高弹性结构

高弹性结构延伸出的是以浮动薪酬为主，固定薪酬为辅的薪酬类型，如图5-7所示。

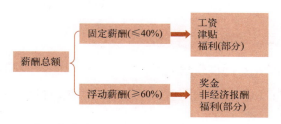

图5-7　高弹性结构薪酬类型

（3）折中结构

折中结构延伸出的薪酬类型为50%的固定薪酬+50%的多元化福利，特点是固定薪酬和浮动薪酬的比例大体相等，各占50%。但为增加薪酬的灵活性，浮动薪酬可在多个项目内进行自主选择，如图5-8所示。

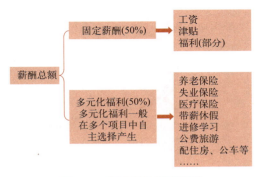

图5-8 折中结构薪酬类型

5.2 绩效激励：全员抓绩效，人人有目标

绩效激励是指对被考核人员在某一段时期内取得的工作绩效进行评估和复盘，然后根据评估、复盘结果，再对被考核人进行奖励或者惩罚的措施。这就像学生时代，每学年都会有期中、期末考试，目的就是通过成绩来评价学生在该段时间的学习质量。

5.2.1 小团队的绩效考核与激励

"绩"是业绩，指工作结果，"效"是效率，指工作过程。绩效就是指团队成员在特定环境、条件下，完成某项任务所表现出的工作行为和工作结果。

很多小团队都是以绩效激励的方式让每位成员参与竞争，因为只有竞争，下属做起来才会有动力，业绩才会不断提高。那么，如何做好绩效激励呢？如图5-9所示的4点需做好。

图5-9 做好绩效激励的4个方面

（1）有明确的目标

很多时候，小团队管理者对绩效管理的目标是十分模糊的，不够明确。比如，要让成员做什么，有没有明确的界限，最后达到什么样的目标等。

就像优秀的马拉松长跑运动员，他一次只有一个目标，而且善于把大目标分解成若干小目标，让目标更明确，这样十分有利于逐步来完成。一口气跑上十多公里很费劲，但是分解成多个1000m，每一个目标都能够比较轻松地实现，累积起来完成整个目标也相对容易。

在团队绩效激励中，管理者要让每个人清晰地知道绩效的总目标是什么，每个阶段的目标是什么。

（2）进行即时奖励

所谓即时奖励，是指被激励对象做出一个良好行动时，团队管理者根据结果和反馈马上给予奖励的行为。在大多数激励中，很多管理者的奖励不是即时的，而是延后的。现在很多交易都是在线上进行可能还好一点，比如，成交一单，系统里就有反映，上级知道这个是有成交的。对于一些无法及时反映在系统中的，即时性就差一些，可能做了一个月，才知道数据是怎么样的，才知道用户对我们的反馈评分是怎么样的，这种激励往往延后性严重。

解决办法就是随时掌握绩效数据，为即将展开的奖励提供依据。比如，计划对业务人员每周奖励一次，那么就要建立以"周"为单位的激励数据，每天进行一次绩效反馈，掌握当天的数据。

（3）设立排行榜

排行榜是个很令人着迷的东西，很多人喜欢它，因为它代表着竞争，"人活一口气，佛争一炷香"，无论做什么，人都有争强好胜的心理，这是天性。比如，老板建了一个10人的排行榜。这个榜单会让每位成员明确自己排在一个什么样的水平，自己哪项能力占优，哪项能力不足。一方面是跟自己的以前比，另一方面是跟其他人横向比，这一切都要在排行榜上写得清清楚楚。需要注意的是，这个排行榜仅适用于同岗位人员之间。

（4）引入集体绩效

绩效激励的目的不是鼓励少数人或者个别人完成自己的目标，而是激励整个团队高效完成团队的整体目标。如果一个人的业绩占了整个团队业绩的一半甚至更多，那么这不是一个好现象，特别是在小团队里弊大于利。

我们来假设一番：

如果一个人的业绩长期冠绝全队，导致整个团队对他的依赖性都很高，则会陷入一个管理难题，即作为寸功未建的管理者没法去管理一个战功累累的人。这就像一个功臣，一旦达到功高震主的地步，这个主的身份是没办法震慑到他的，因为特权而有恃无恐。

如果一个人的业绩占据团队业绩的大部分，却不够稳定，无法为团队持续地输出，那这种情况更加可怕。一旦他的业绩出现下滑或者决定离开团队，那对整个团队的打击是毁灭性的。这时就要引入一个集体绩效的概念，即不仅要在某个人和某个人之间做一个对比和评估，同时在整个团队，或者团队中设立大组、小组，进行比较。这样，既可以提升整体的业务水平，也可以增强团队成员的团队配合意识。

5.2.2 两类考核指标：定量指标和定性指标

在绩效考核这件事上，首先需要做的就是确定考核指标。根据表现形式考核指标分为定量指标和定性指标两大类。

（1）定量指标

定量指标是指可以准确数量定义和精准衡量，并能设定绩效目标的一类指标。这类指标最大特点是有详尽的数据支撑，并将数据作为考核的依据。因为有明确的考核标准，得出的考核结果也更客观、更符合实际。

定量指标是一个体系，如果细分的话，又可以分为绝对量指标和相对量指标。绝对量指标，如销售收入；相对量指标，如销售收入增长率。无论哪一类指标，在设计时都必须有明确的标准，具体包括数量、质量、成本、时间4个维度。

以生产某一产品为例，按照以上4个维度，就可以制定出产量、次数、频率、准确性、满意度、通过率等指标，具体如图5-10所示。

定量指标优缺点十分明显，在实际运用中可谓喜忧参半。接下来详细了解一下其缺点，以做到扬长避短。

图5-10　设计定量指标考虑的4个维度

定量指标是以数学模型和统计数据为基础的，虽然可靠性较高，但由于大量数据的采集、分析、统计大部分是通过计算机或相关软件计算出来的，很容易出现以点带面式的错误，只要某一环节出错，就会连累整体。比如，数据来源有误、计算工具出现程序性错误、考核人员操作失误等，都会直接影响到考核结果。再加上，机械式操作，很容易忽略被考核人的主观意愿、内心感受等，致使考核过程过于死板，不灵活。

（2）定性指标

定性指标是指无法用确切数据进行量化的指标，而是依靠考核人员根据所掌握的被考核者的信息，结合经验，进行整合分析后得出考核结果的一类指标。这类指标与定量指标正好相对，通常是指在科学调查、取证的基础上，通过判断、分析进行评估，带有一定的主观性。也就是说，考核时脱离了客观数据，多依靠考核人员的主观判断、分析。

运用这类指标，要求考核人员对被考核者有充分的了解，包括工作性质、工作量大小、难易程度及工作的过程。在尊重客观事实的基础上,根据大量数据资料、知识和经验,充分发挥自身的主观能动性,能够透过现象看到本质。

定性指标涉及的主要内容如图5-11所示。

图5-11 定性指标的六项内容

定性指标的设计多以公开述职、民主评议和五级锚定打分的方式进行。根据业务性质可以将定性指标分成四大类。如表5-9所列是采用五级锚定法,对四大类指标,计划性指标、流程性指标、执行性指标和服务性指标进行的分级评定。

表5-9 四大类指标的五级锚定法

表1 计划性指标评分参照表		
评分阶梯	分值	对应含义
很好	96～100	计划周密,完全符合工作需求
较好	90～95	工作有计划,基本符合工作需求
一般	80～89	工作有计划,但不完整,有缺项
较差	60～79	工作有计划,但计划质量较差
很差	0～59	工作没有计划

续表

表2 流程性指标评分参照表

评分阶梯	分值	对应含义
很好	96～100	能完全按规定流程开展工作
较好	90～95	绝大多数都能按规定的流程开展工作
一般	80～89	有时不能按规定的流程开展工作
较差	60～79	经常不能按规定的流程开展工作
很差	0～59	基本上不按规定的流程开展工作

表3 执行性指标评分参照表

评分阶梯	分值	对应含义
很好	96～100	能完全按相关要求或计划执行到位
较好	90～95	绝大多数都能按相关要求或计划执行
一般	80～89	有时不按相关要求或计划执行
较差	60～79	经常不按相关要求或计划执行，或执行不到位
很差	0～59	不按相关要求或计划执行，或执行完全不到位

表4 态度性指标评分参照表

评分阶梯	分值	对应含义
很好	96～100	主动服务，服务态度让客户愉悦
较好	90～95	服务态度让客户满意
一般	80～89	服务态度让客户基本满意
较差	60～79	服务态度不能让客户满意
很差	0～59	服务态度很差

定性指标的优势在于可以充分发挥人的智慧和经验，不完全受统计数据的限制，毕竟，很多东西是无法用数据完全体现出来的，对被考核者更加公平、公正。同时，其局限性也很明显，即当评估所需要的资料不充分、不可靠或指标难以量化时，定性指标所能做的就十分有限，因此，在实际考核时必须结合定量指标使用，以取长补短。

5.2.3　两大考核法：目标管理法和平衡计分卡考核法

在小团队的绩效考核中，常用的方法有两个。

（1）目标管理法

目标管理法，即按一定的指标或评价标准来衡量下属完成既定目标和执行工作标准的情况，根据衡量结果给予相应的奖励。它是在整个组织实行"目标管理"的制度下，对下属进行的考核方法。

目标管理法理论基础是目标管理，是由管理学大师彼得·德鲁克在1954年首先提出的。最早应用于通用电气公司（GE），并取得很大的成功。20世纪50年代以后，广泛运用于欧美企业，80年代末传入中国。

该方法最大的特点是"以人为本"，强调被考核者积极参与，极大地调动了被考核者的积极性。很多小团队在运用这个方法时都忽略了这一点，一般都是高层制定年度目标，然后将该目标强行分摊给中层，中层再分摊到每位基层身上。在这个过程中，基层只是被动执行，始终没有参与到其中。因而，大多数目标难以得到基层的认同，执行起来自然大打折扣。

利用目标管理法时，要遵循"四个共"原则，即共识、共担、共享和共赢，具体内容如表5-10所列。

表5-10　"四个共"原则具体内容

薪酬等级	对应薪酬模式及岗位
共识	整个团队通过协商，就即将达成的目标达成共识，并共同努力，全力以赴地去实现
共担	为了达成目标，整个团队要尽心尽责，或者目标无法达成时，一起承担责任，并相互检讨

续表

薪酬等级	对应薪酬模式及岗位
共享	整个团队所有成员之间要实现信息、知识、技能和资源的共享，以便更好地发挥集体的优势，向着既定的目标前进
共赢	通过共识、共担和共享实现最终目标，形成个人与团队的共赢

尽管目标管理法是绩效考核中一种非常重要的方法，但也存在许多缺点，在实际操作中需要引起重视，尽量规避。

目标管理法的缺点主要体现在4个方面。

① 目标难以量化。随着经营内、外部环境的变化，团队目标有可能出现变动，这就使得许多项目的考核难以明晰界定，影响考核结果的不确定性因素越来越多。

② 考核成本增高。目标管理法是比较长的过程，除了人力、物力、财力等必要支出外，还需要做足思想层面的工作。让团队中的所有人都充分认可目标，对目标达成高度共识。

③ 适用人群小。目标管理法是相对成熟的一种绩效考核方法。它是以目标的设置与分解、目标的实施及完成情况的检查、奖惩为手段，通过员工的自我管理实现企业经营目的的一种方法。一方面强调完成目标，实现工作成果；另一方面重视人的作用，强调下属自主参与目标的制定、实施、控制、检查和评价。因此并不适用于全员考核。尤其是在许多小团队中，由于团队队员来源不同，总有一部分人无法与团队形成合力，目标管理所要求的承诺、自觉、自制气氛难以形成。

④ 部分人急功近利。每个部门、每个人只关注自身目标的完成，忽略了团队总体目标的实现，从而助长本位主义和出现急功近利的倾向。

(2)平衡计分卡

平衡计分卡(Balanced Score Card)简称BSC,最早由哈佛大学教授罗伯特·卡普兰(Robert S. Kaplan)与诺朗顿研究院执行长戴维·诺顿(David P. Norton)共同提出。这种考核法跳出了传统以"财务量度"为主的绩效考核模式,转为从财务、客户、业务流程、学习与成长更多维度的全方位考核模式。同时,每个维度又可分别细化为目标、指标、目标值、行动方案等考核项。是将团队中的战略落实为可操作的衡量指标的一种新型绩效管理方法。

具体内容如图5-12所示。

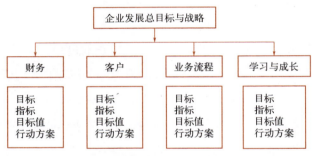

图5-12　平衡计分卡考核的4个维度

平衡计分卡是一种新的绩效评价方法和战略管理工具,该工具包括财务、客户、内部运作、学习与成长4个方面。

① 财务层面。列出组织的财务目标,并衡量战略的实施是否有助于最终运营成果改进。

② 客户层面。管理者确定组织将参与竞争的客户和细分市场,并将目标转化为一组指标,如市场份额、客户保持率、客户获得率、顾客满意度、顾客盈利能力等。

③ 内部运作层面。为了吸引和留住目标市场的客户,满足股东

对财务回报的要求,管理者应关注对客户影响最大的内部流程满意度,并实现组织的财务目标,为此设置测量指标。

④ 学习与成长层面。即人力资源层面,主要是为财务、客户、内部运作三个层面提供基础框架,是前面三个层面取得卓越成果的动因。

平衡计分卡最大的作用就是"平衡",平衡上述4个层面的工作,正是有了这种平衡,才能保证团队的健康运行。如图5-13所示为平衡计分卡的"平衡"作用所囊括的4个方面。

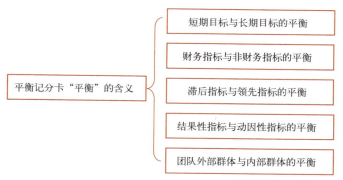

图5-13 平衡计分卡考核的平衡作用

平衡计分卡重在各个层次之间寻求一种平衡,一个结构良好的平衡计分卡不仅仅是重要指标或重要因素的集合,应该包含一系列相互关联的目标和指标,这些平衡可以让目标和指标既一致又相互促进。

案例3

投资回报率是平衡计分卡的一项财务指标,这可能是由客户的重复购买和销售量增加驱动的,这两者都是客户满意度改善的结果。因此客户满意度包含在平衡计分卡的客户级别中。

通过对客户偏好的分析，客户更加关注准时交货率这一指标，因此准时交货程度的提高将带来更高的客户满意度，进而促进财务绩效的提高。因此客户满意度和准时交货率都包含在平衡计分卡的客户级别中。

通过缩短业务周期和提高内部流程质量来实现更好的准时交付率，因此这两个因素成为平衡计分卡的内部业务流程指标。此外，为了提高内部流程的质量，缩短周期，企业需要对下属进行培训，提高下属的技能，下属的技术成为学习和成长的目标，这形成了一个完整的因果链，贯穿平衡计分卡的四个层次。

那么，如何达到这些平衡呢？就是科学有效地实施平衡计分卡计划，具体可以分为5个步骤进行。

① 准备。前期准备是推进战略绩效管理的第一步，主要工作内容包括组建BSC推广团队，制定推广计划，开展前期调研、宣传培训，收集所需信息。

② 编制公司平衡计分卡和绩效计划。利用战略地图来描述团队战略，分解和设计团队的绩效计划，从而实施"责任机制"战略。

③ 为部门和下属准备平衡计分卡和绩效计划。部门和下属绩效指标设计是指将团队的经营绩效转化为部门和下属绩效的过程。

④ 设计平衡计分卡和绩效管理操作系统。平衡计分卡和绩效管理的一般原则是"以流程为核心，制度与表单配套"。

⑤ 付诸实施。这一步就是把设计好的方案付诸实施。特别要注意的是要先组织设计方案的研究，然后再尝试运行，最后综合评价方案的可行性。

5.2.4 对考核结果进行分析

绩效改进目标必须建立在评估结果分析的基础上,也就是说,做好绩效改进的前提是分析考核结果。依照在绩效考核中所得出的结果,挖掘绩效不佳的更深层次原因,提出绩效改进的意见,从而帮助下属有针对性制定绩效改进计划。

考核结果对绩效改进的促进作用表现在很多方面,比如,薪资管理、岗位升降、团队激励机制的建立等。具体如表5-11所列。

表5-11 绩效考核结果在绩效改进方面的具体应用

改进项目	具体内容
人力资源规划	提供高效度的人力资源信息; 清查内部人力资源情况; 预测人员需要
招聘录用	绩效评估结果对下属招聘、录用的参考和检测作用; 团队内部下属选拔对绩效评估结果的依赖
人员升降	以工作分析确定岗位考核能力; 建立科学合理的晋升制度; 纪律处分,降职,调动
薪酬管理	制定薪酬计划主要参考标准; 进行绩效奖金、福利发放的依据; 促使薪酬体系更加公平、客观
公平激励机制的建立	区分下属绩效差异; 确定下属工作态度差异; 确定人员待遇差异

那么,如何有效、正确地分析绩效结果呢?可以从以下两方面入手。

(1)采用正确的方法

对绩效结果的分析可以分为横向分析和纵向分析两大类。

① 横向比较分析法。

横向比较分析法是一种科学的方法，它把处于同时期的事物进行比较分析。这种方法的特点是有利于揭示参与比较各方的优势和劣势，便于吸收对方的长处和弥补自身的短处。在决策中对各种方案进行比较，有助于选取最优方案。在科学研究中，对同时从各方面取得的数据资料进行比较分析，也属于横向比较。

在使用横向比较分析法时，需要按照调研目的确定比较基准和分类属性，并要注意事物的可比性。此外，要善于发现和比较本质的不同。在对数据进行比较时，不仅要关注数据的大小和趋势，还要对数据的来源、计算方法和统计口径等进行比较和分析，以确保数据的准确性和可比性。

横向比较分析法的优点是可以快速地识别出事物的特有属性，从而建立起分类的基础。此外，它还有助于判断真伪并取得有价值的研究成果。然而，需要注意的是，对在比较中发现的异同点要进行辩证分析，不能以横向比较结果直接下结论。

总之，横向比较分析法是一种有效的方法，可以帮助我们更好地理解和分析事物。

② 纵向比较分析法。

纵向比较分析法是一种对同一事物在不同时间里的发展变化进行比较的方法。这种方法的特点是以时间为坐标，通过测量与比较研究对象在先后不同时间段中的变化，发现问题并找到解决的方法。

纵向比较分析法的实施可以从两个方面进行：一是历史的阶段比较，即将历史发展过程划分为若干阶段，然后以时间为顺序，以历史阶段为单位逐一比较，归纳出事物发展的历史趋势和发展轨迹；二是高低层次比较，即对同一事物在不同时间里的高低层次进行比较，以揭示其发展变化的本质和规律。

纵向比较分析法的优点在于能够揭示事物的发展规律，有利于从历史的角度反思事物的发展过程，总结经验教训，以便指导未来的发展。同时，这种方法也只适用于具有进化联系和遵循某种共同发展规律的事物。

在运用纵向比较分析法时，应注意3点。具体如图5-14所示。

- 必须坚持历史唯物主义的观点，要注意不同时期的历史背景，不可生搬硬套
- 在简单、低级形态下出现的事物，尽管有的对今天的复杂、高级事物有启发作用，但它毕竟是低级形态
- 要与横向比较相结合。这种结合的优点在于：一是利用横向比较法可发现纵向发展的某些规律性，如对同时期不同年龄人的比较，可研究人从幼儿到老年的发展过程；在天文学中对不同天体的比较研究，可发现天体的演化过程，也可说明太阳系的未来演化趋势；二是能比较客观地评价现在和指导未来

图5-14　运用纵向比较分析法的注意事项

总之，纵向比较分析法是一种有效的方法，可以帮助我们更好地了解事物的发展变化过程和规律，为未来的发展提供有价值的参考。

（2）明确考核结果分析程序

① 收集数据。

收集所有参与绩效考核的数据，包括考核指标、评分标准、考核结果等。

② 整理数据。

对收集到的数据进行整理，包括对数据进行分类、排序、筛选

等操作，以便后续的分析工作。

③ 分析数据。

根据整理后的数据，采用适当的方法进行分析，如横向对比分析、纵向对比分析等，以了解员工在各个考核指标上的表现。

④ 制定改进措施。

根据分析结果，找出员工在工作中存在的问题和不足，制定相应的改进措施，以提高员工的工作效率和绩效。

⑤ 反馈结果。

将分析结果反馈给相关人员，包括员工本人、上级领导、人力资源部门等，以便他们了解员工的工作表现和需要改进的地方。

⑥ 持续改进。

根据反馈结果，对绩效考核方案进行调整和完善，以提高考核的准确性和有效性。

总之，绩效考核结果分析流程是一个不断循环的过程，需要持续不断地进行数据收集和分析，以便及时发现问题并采取相应的改进措施。

5.3 情感激励：让队员既体现价值又有归属感

据统计，一个人正常的工作能力水平，与经过激励后达到的最高水平能相差50%。可见，人的潜能是何等之大。这就要求团队管理者既要抓好各种规范化、制度化的刚性管理，又要注意感情的投入，注重人际互动，以充分发挥"情感激励"的作用。

5.3.1 小团队的情感激励

情感激励是一种通过给予他人积极的情感方面的反馈,来激发被考核者行为的一种方式。团队越小,成员越少,情感激励效果越好,因为情感在人与人之间的传递链条是越短越有效。

(1)增强团队成员归属感,激发潜能

情感是人类所特有的心理活动,是增强团队凝聚力的重要因素。从团队人力资源的特点来看,激发团队人力资源的创造力、主观能动性以及工作责任心,最重要的就是将人力资源的情感激发起来,要构建人力资源的信任感。让团队中每一位成员都能认清自己的价值,并在工作中享受到乐趣。

人力资源作为团队队员责任感和荣誉感的承担者,要在团队内部,为每位成员营造一种轻松愉快的工作氛围,增强成员的归属感。归属感增强了,人的潜能就会得以充分调动。

(2)促进团队成员对团队价值的认同

强有力的情感激励可以显著聚合人心,增强团队的凝聚力,有助于全体成员形成从情感上认同的价值目标。而这一共同的目标又反过来激励下属齐心协力,互帮互助,使团队的各项工作有条不紊地得以进行。管理者在达到有效管理目的的同时,也极大地促进了团队日常工作的顺利开展,取得一箭双雕的效果。

(3)增强团队成员对团队使命的承诺感

成功的情感激励可以使组织使命得到明确的表达,并融合到组织管理的各项制度、工作任务和环境中去,可以促使团队每位成员形成强烈的使命感与承诺感。让每个下属都觉得自己是集体中不可缺少的一员，自己的工作对集体目标的实现有很大的作用。从而激励他们积极主动地对待管理者布置的各项工作任务。

可见，情感激励是多么重要，但需要注意的是，情感激励在激励方式上并非物质为主，而是精神激励，比如鼓励、赞扬、肯定等。

所以，小团队管理者一定不能吝啬口中的赞美，不能吝啬对下属的表扬、夸奖。假如某下属在工作中表现很好，就应该及时地去表扬和赞美他。比如，"小王，今天你来接待这个客户，我发现整个接待客户的流程不错，有进步，小王干得不错！"这一句话说出来，就是对他工作的高度认同，会让他觉得自己的付出得到了认同！

对下属的赞美，要勇敢表达出来，并实实在在地体现在行动上。情感激励的方式有很多，没有统一标准，完全是随意随性，因人而异，激励者不同，所使用的方式不同，被激励对象不同，所使用的方式也有差异。绝不能局限于口头，而是要用心，做出更有创意的激励方式。

5.3.2　巧妙设置"点赞墙"

人人都有被赞美的心理需求，而点赞无疑是当前最佳的赞美方式。比如，很多人发微信朋友圈，其实就是一种获取赞美的心理需求。很多人都有这样的感受，当发布一条朋友圈后经常会看有多少人给自己点赞。如果获得赞多，一种荣誉感、成就感、被肯定、被认可的感觉就会油然而生。

微信为什么这么火？最主要的原因也在于微信开发团队把握了人性的弱点和内心希望被外界关注和赞同的需求。

对此，小团队管理者要善于赞美、表扬每一位成员，来满足他们被肯定、被尊重的心理。最有效的措施就是在办公室设置一面"点赞墙",专门划分一个区域,贴上小贴纸,下面配上成员的姓名或照片。假如今天某个下属表现不错,就在贴纸上画个笑脸或红心。

再比如,举办积分排名。积分制可以根据下属的工作性质、职位等,设置不同的排名,同时,也可以根据团队当下的管理导向设置排名条件。积分制排名最大的特点就是不可预期性,不到结果出来的时候,谁也不知道谁会拿这个金牌,即使上一次拿了金牌,这一次也很有可能进不了前三名。但是,就是因为这样的不可预期性,才创造了机会均等,公平公正的竞争激励环境,真正体现了"以人为本""以奋斗者为本"的管理方式。

积分排名也是一种点赞方式,蕴含了体育竞技的原理,实现了金牌激励的效应。凡是企业中参与积分排名的下属都有机会参与到这个奖励的竞争中。

公开点赞相当于树立典型,树立榜样,有引导广大队员向优秀学习的作用。比如,中午休息时,或上下班时间,很多成员能看到点赞墙上的信息,谁获得了红心,谁的赞最多等,看完以后还会当面赞美一番。

比如,"小王,老板给你点赞喽,老板把你昨天那个事,在上面贴出来了"。小王发现同事们都知道了,那种自豪感、成就感、认同感比拿100元奖励都有效。这就是情感激励,依葫芦画瓢,还可以设置学习墙、互赞墙等。

当然,这种激励方式不仅仅是点赞那么简单,重点是把事情的细节描述出来。比如,给小王点赞,要写明为什么而点,"小王,你今天在接待客户时表现非常棒,为你点赞!"就这么一句话,就会让赞扬显得丰富起来,不那么显得空洞无物。

5.3.3 召开"能量扩散会"

为什么有的团队死气沉沉,而有的团队每个人的积极性都很高,就是因为能量是可以扩散的。一个人的能量足以影响整个团队,无论正能量还是负能量。正能量的扩散是一种重要的情感激励方式。

正能量扩散的最佳方式是在团队中定期召开"能量扩散会",公开表扬优秀队员,将他们身上的正能量扩散至整个团队,以带动每位成员都积极起来。

案例4

某团队绝大部分成员都是95后,但整个团队的氛围特别不好,没有活力,没有朝气蓬勃的感觉!老板为了将整个团队的活力调动起来,让每个人感受到一个好的工作氛围,就准备设置一个奖。即每周对团队成员进行测评,包括日冠军、周冠军、进步奖、全勤奖、最佳销售奖等,设置了很多奖项,每个奖项都以红包的形式,可能只有200元、300元,但几乎囊括了团队中所有成员。

更为重要的是,每周一早上老板亲自召开全体下属大会,当场给获奖下属发放红包,并且要该下属当着所有人的面发表获奖感言。

就这么一个小小的举动,产生了意想不到的效果。当发到第二个月的时候,整个团队的氛围就有了极大改变,第三个月、第四个月……效果越来越好。

上述案例中的激励效果,之所以如此好,就是因为每周的测评大会。这个大会表面上是红包现金奖励,其实是情感激励,奖励的

荣誉比现金作用更大,让团队中每位成员充满了正能量。而且一周一次测评,对每个人的内心都是一种强化,让每个人内心都意识到自己是最优秀的。

5.3.4 给落后下属一点儿掌声

对于优秀者来说,身边永远少不了鲜花、喝彩与赞美,但对于失败者而言,他们却是寂寞的,寂寞得甚至听不到多少掌声。面对团队中业绩差的成员,不要批评和打击,更不要冷漠和奚落。因为对于失意者而言,一次关怀和激励,比在他在成功时给予的赞美更管用。

那么,如何做好对落后下属的情感激励呢?可以从如图5-15所示的3点入手。

图5-15 做好落后下属情感激励的方法

(1)明确何为落后

落后是一个非常空泛的词,不能一概而论。到底落后到什么程度,才算是落后?即落后的标准是什么?其实是有标准的。在同一套标准下衡量出的结果,而且是相对优秀而言的,这一点必须明确。

比如,对于销售人员,可以以个人销售额为依据进行排名,低于最高额度的30%为落后，或者销售收入额低于10万/月的为落后（需要根据团队的具体情况而定）。

（2）弄清楚落后的原因

落后的原因有两个，要么是能力问题，要么是态度问题，原因不同解决方法也不同。

若是能力问题，需要帮助下属制定绩效提升计划，进行工作技能和方法的培训和指导，并定期跟踪效果。

若是态度问题，则要从影响态度的元素入手，影响元素会有很多，如薪酬、待遇、人际关系、工作环境、个人工作意愿和兴趣、工作观念冲突等，这需要多与下属沟通，了解真实原因，再考虑对策。

（3）根据原因设计改进策略

下属落后的原因是受个人特征与环境条件的相互作用影响的。如果是环境条件，比如是工作资源不足的原因，就要赶快改进工作资源；如果是个人特征的原因，就要改进个人特征，比如培训专业知识、调整工作岗位等。

5.3.5 适当地给下属"戴高帽"

"戴高帽子"即受人恭维或恭维别人时说的一些好评，给下属戴高帽子其实就是满足下属的荣誉感。只要上司给下属高帽子戴，给下属一个响亮的头衔，为了名副其实，提升自己，下属便会更加努力工作。

同样，在情感激励中，给予下属荣誉激励的方式之一就是给下属戴高帽子，给他翻越一堵墙的动力和勇气。

> **案例5**
>
> A是团队中的一名队员，有一次，他接到主管的任务，做一份新品推销方案。当他拿着方案来到主管那儿时，没想到的是，主管直接将他带到经理办公室，说："这次这个方案，与其由我来说明，不如让A亲自讲讲，这个方案是A提出的，由他本人说明您将更容易了解。"
>
> 就这样，全程基本由A来报告说明，事后，A非常感激自己的主管，有一种被器重、被赏识的感觉，也觉得在这个团队工作更加有动力。
>
> 这个案例中主管的做法非常聪明，不但如期完成任务，还恰如其分地给下属情感上的激励，给下属戴了一顶高帽子，让其有被器重、被赏识的感觉。

作为团队管理者，如果善于给成员戴帽子，给下属响亮的头衔，他就会为你"赴汤蹈火，在所不辞"地工作。从需求层面看，给下属戴高帽子其实就是满足下属的荣誉感。马斯洛需求层次理论中讲到了人人都有被尊重的需要，而荣誉激励就是满足人们对自我肯定、获得荣誉感的有力手段。

然而，给队员戴高帽，说起来容易做起来难，因为，在"功劳"面前，绝大部分人不会拱手相让，很多领导不但不会推荐下属，反而将下属的功劳据为己有，作为自己升职加薪的梯子。

案例6

一位顾客赞美某家商店："你的店打扫得很干净,摆设亦很美观,你真是有好店员帮忙啊!"店长却答道:"不对!这些都是我叫他们做的,现在的年轻人,你不一样一样地说,他简直就不会做的!"听到此话的店员,必定非常生气恼火,在这种情形下,老板若换另一种说法:"托福,我能有如此勤快的店员,他什么事都自发去做,给我很大的帮助。"若你给店员戴了顶高帽子,店员也会激动地说:"我们老板真是好老板。"

那么,团队管理者如何给自己的成员"戴高帽"呢?下面介绍一些比较实用的情感激励的方法。

(1) 授予下属头衔

授予下属头衔、名号可以激发其荣誉感和对工作的认可感,这些精神激励都会很好地转化为工作动力。

日本电气公司在一部分管理职务中实行"自由职衔制",所谓"自由"是指这部分人可以自由加职衔。同时,对头衔进行了改制,取消"代部长、代理""准"等管理职务中的辅助头衔,代之以"项目专任部长""产品经理"等与业务内容相关的、可以自由加的头衔。

(2) 以下属名字命名新产品或者新方法

海底捞有很多的优质服务都是由他们的下属自主开发的。比如,包丹袋,这个防止顾客手机被溅湿的塑封袋子,之所以叫包丹袋，起初是由一名叫包丹的下属提出这个创意的。

海底捞采用这种激励方式，既是对下属的尊重，也体现了下属的价值，更为可贵的是还能带来经济利益。据悉，当包丹袋在其他店推广使用时，这些店都会给这位下属交纳一定的费用。这一点太富有创意了，它将精神激励与利益激励直接关联起来，大大激发了其他下属为团队贡献自己的智慧和力量。所以，在海底捞会看到，很多富有创意的想法都是由下属创意出来的。

海尔也非常重视以下属的名字来命名某件事物，比如，为了纪念下属在某方面做出的贡献，用下属的名字来命名某项事物，对下属也会产生良好的激励效果。

（3）借助荣誉墙和团队年鉴来激励下属

借助荣誉墙和团队年鉴，记录下属的辉煌成就，将下属为团队的贡献载入团队发展的史册，可以很好地激励下属的积极性。

案例7

在IBM有一个"100%俱乐部"，当公司下属完成自己的年度任务后，就会被批准成为该俱乐部会员，年终，该下属和家人还会被邀请参加隆重的聚会。有了这项激励后，整个公司上下所有下属都将获得"100%俱乐部"会员资格作为重要的第一目标，与家人分享那份光荣。

很多企业都效仿这种激励，如每年都会民主选举若干明星下属，上"明星墙"，同时，也组织旅游，从而达到激励的目的。

(4)给予下属隐性荣誉激励

荣誉是下属对团队贡献的象征,当下属获得某种荣誉时,他们的自信心会明显增强,对团队更加充满热情,同时体会到自我价值所在,进而迸发出强大的能量。

因此,满足下属的荣誉感非常重要。小米在这方面就做得很好,他们给下属及其合作商带来的隐形激励是粉丝赋予的尊荣感。

案例8

有一个代工厂合作商,向小米领导层说,能不能特批我们的工人一部手机?理由是,自从我的工人做了小米手机以后,他们的亲朋好友都会打电话过来:听说你在做小米手机,能不能给我搞一台。当然,这样的荣誉感正是因为小米有庞大的"米粉",这是粉丝文化产生的独特作用。

对于大多数普通团队而言,很难跟随小米的步伐。不过,荣誉激励的方式有很多,完全可以根据自身情况,做针对性的设计。常见的荣誉激励方式如表5-12所列。

表5-12 常见的荣誉激励方式

激励方式	激励内容
颁发荣誉称号、证书	很多团队对下属都设有"团队骨干""年度荣誉下属""十佳下属"等称号
为新下属开办迎新活动	使新下属获得强烈的荣誉感和归属感,使他们尽快融入团队

续表

激励方式	激励内容
为优秀下属办晋升祝贺	通过祝贺会进一步激励晋升下属重视自己的职位,对其他下属也有正向激励作用
为潜力下属颁发奖励	如每月颁发"最具潜力奖""进步最快奖"等。维持下属的积极性和工作热情

5.3.6　巧妙地给下属制造危机感

小团队管理者都希望团队中的每一位成员都充满干劲,努力工作,人数本来就少,再不努力工作很难出业绩。然而,事实并非如此,一个和尚挑水喝,两个和尚抬水喝,三个和尚没水喝,可见只要是超过三个人的团队,就难免出现偷懒者。当然,这并不完全是管理者的问题,偷懒是人的一种常见心理,这就需要管理者在管理自己的下属时,懂得运用一些心理学知识和技巧。

依靠权力强迫下属去做某件事,不但不能实现目的,反而会适得其反,会让他们陷入疲惫,甚至激起反抗情绪。用权力强制命令不如从心理上巧妙加以引导,制造一些危机,让下属有危机感。

在这点上,阿里巴巴创始人马云的做法就很高明,接下来看看他是如何用危机来激励下属的。

案例9

我们的对手是世界一流的对手,谷歌是市值为1300多亿美元的公司,拔一根毛出来就有不知道多少公司被打下来。我们中午在开会,英文站点的技术人员才18个人,18个人在面对谷歌这样的对手。

我们要求公司各个部门给英文站点提供强有力的支持,因为65%营业额来自B2B,是这18名工程师在扛着。我们处在危机当中,必须在两三个月内彻底扭转这个局面。阿里软件、淘宝、支付宝、雅虎中国,我们要抽调优秀的工程师到这个团队里面,特别是阿里软件,有多少工程师,举手给我看看。今天B2B老大第一个站到拳击台上,对不对?这是真正世界性的拳击台,马上要上去。

我们要配置好优秀的人才,要配置好优秀的肌肉,拳击套、牙套要戴好。阿里软件,抽你们的人,别说不。我们今天需要像志愿军一样跨过去,淘宝、支付宝、雅虎中国,全部要有这样的心态。我们今天全力以赴派第一批志愿军进入B2B,为我们的国际网站奋斗。

明枪暗箭越来越多,QQ的实力大家都知道,百度的实力你们也知道,谷歌的实力你们也知道。阿里巴巴是强大,但我们对手也是世界一流、中国一流。QQ应该讲是世界一流吧,IM(即时通信)谁玩得过它。谷歌是世界一流,百度股票涨到了200多美元。告诉大家,碰上优秀的对手,首先你很幸运。淘宝很运气,阿里集团很幸运,我们今天碰到的对手是世界一流的对手,我们要学习他们、超越他们。

我想告诉大家,我们的模式并不比他们差。我认为电子商务和互联网最强大的两大模式:第一个是门户,第二个是搜索引擎。到目前为止,真正Web2.0商业模式运用最好的,不是靠广告,而是靠交易赚钱,就是eBay和淘宝。

马云也给下属制造了危机感,这样不仅可以激励起公司所有下属的豪情，更有利于大家结成一股力量，劲都往一处使。当一群羊不团结的时候，最好的办法不是给他们定制度，而是在它们的周围放一匹狼。就是这个意思。

马云短短的一席话，营造出了积极向上的气氛，激发了下属的危机感和上进心。这番话后，会让团队中的每个人信心满满，大家可能想得更多的是，虽然对手很强，但我们自己也不弱；既然大家都是强者，不妨放手搏一次，比个高低。每个人的情绪瞬间就被激发了出来。

所以，管理者要能够为队员制造危机感，具体做法可以参考以下3点。

（1）团队当前所处的形势

俗话说，"不知者无畏，知之者慎为"。如果团队遇到了危机，与其隐蔽隐瞒，不如如实相告，让每位成员对团队当前的境况心中有数，如团队在行业里的地位、面临的危机、竞争对手的动态等。目的就是让他们感到如果不努力工作，那工作将不保，从而唤起他们的危机感。

（2）树立产品危机意识

产品是一个团队生存与发展的基础，然而，完全靠卖产品，实现盈利的时代已经过去了。在当前这个产品、服务、体验并重的时代，光靠产品已经远远不够。而且随着产品同质化、标准化趋势的到来，大批量生产出来的产品，利润已经越来越低。

产品自身价值越来越低，那就为它打造一个无法被替代的附加价值，提升服务和质量，这将是小团队管理者，想要在这个时代，靠产品活下来的主要做法。

（3）将团队利益与个人利益绑在一起

让团队成员感到危机的同时，也要以利诱之，让他们意识到自己和团队是一个利益共同体，是密不可分的，只有团队发展得好，自己的福利待遇才会好。同时，在他们心中树立"团队、个人本位一体"的观念，只有这样，下属才能死心塌地、拼尽全力、自动自发，为团队贡献自己的力量。

危机意识是对未来潜在的，可能发生危险的一种预测。作为小团队管理者，必须有危机意识，要能敏锐地感知潜在的危机，在危机发生时有足够的应对之策。

第6章

提升凝聚力：
强化团队建设，提升竞争软实力

打造凝聚力强的团队，在市场竞争中保持优势地位，向来是管理者的终极诉求。在团队凝聚力的打造上，最主要的措施是培养团队成员的大局意识、提升团队协作能力、完善监控机制，让团队中每个人的价值都能发挥到最大，实现团队目标。

6.1 塑造文化管理，提升团队凝聚力

文化对管理的指导意义在于挖掘文化管理的本质，丰富文化管理的内涵，提升文化管理的先导作用。从而提高团队的凝聚力，提升团队在市场上的竞争力，实现团队成员个人与整体的共同目标。

6.1.1 良好文化是小团队凝聚力强的表现

团队文化是企业文化与团队长期实践相结合而形成的观念，它以团队全体成员为对象，通过宣传、教育、培训和文化娱乐、交心联谊等方式，以最大限度地统一队员意志，规范队员行为，凝聚队员力量，为团队总目标服务。

案例1

在过去十几年里，三星公司一直都是全世界最大的电子企业之一，其业绩也一直保持在一个很高的水准上，始终充满活力和竞争力，而这一切都源于其独有的危机文化。作为一家从小企业成长起来的跨国公司，三星并没有因为自己的弱小而停滞不前，也没有因为自己在全球产业中扮演的重要角色而变得骄傲自满，它一直都时刻警惕市场上的细微变动。

如果说苹果公司的强大是依靠强大的创新底蕴，那么三星的强大则是依赖内部独特的危机文化。从创始人李健熙开始，三星就已经打造出了具有强烈危机意识的企业文化。在公司发展规模很小的时候，李健熙提醒三星下属不要懈怠，

以免被LG、索尼等巨头扼杀。随着三星变得日益强大，他又告诫下属不要志得意满，因为三星随时都可能被潜在的竞争者打压下去。

某一年，三星公司的业绩持续创下历史新高，当时很多媒体都惊叹三星强大的发展势头，并且认为三星将会成为世界上最强大的电子科技公司。可是三星公司的发言人却颇为"扫兴"地在媒体提问时说了这样一番感想：担心下一季度不可能再做出更好的成绩了，现在相当焦虑。

一个发展势头迅猛的超级公司却还要担心下一季度不够出色，这样的危机文化让人感到惊讶，但更多的是让人感到佩服。而从这些文化中，就可以知道三星公司能够在巅峰上屹立多年不倒且始终保持强大竞争力的主要原因了。

大型集团性企业尚且如此，小团队更应该如此。然而，许多小团队在成功面前会产生懈怠心理，比如，团队内部一些人认为目前形势良好，便以为一切都在自己的掌控之中，不可能会出现什么太大的问题；一些人会认为自己是成功者，拥有强大的工作能力，可以解决工作中的各种问题。

类似的心态往往是十分危险的，商场如战场，麻痹大意或者骄傲自大往往是自己最大的敌人。一个团队或者一个人越怀有放松心理，越有可能在遭遇危机时感到束手无策。现实中，许多小团队正是因为警惕性不高，缺乏危机感，才在竞争中被淘汰出局。

由于市场的不确定性，小团队也要有独特的危机文化。危机文化只是整个文化体系中的一小部分。整个团队的文化还包含很多，如行为准则、管理制度、价值观、道德风尚以及其他等。

有着良好文化建设的小团队通常有如图6-1所示的4个特征。

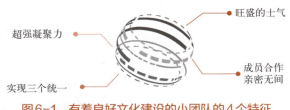

图6-1　有着良好文化建设的小团队的4个特征

（1）超强凝聚力

优秀的小团队都有一个共同点，就是能将整个团队人的心牢牢凝聚在一起，这是一种独特的能力。人们之所以甘愿跟随一个团队，并为之奉献，在一定程度上就是喜欢团队创造的环境，跟着团队能有一个好的未来！归根结底是文化的凝聚力在创造着奇迹。换一个角度看，如果团队没有文化将毫无凝聚力，会变得支离破碎，甚至限制成员的言行、对事业的追求。

（2）旺盛的士气

没有士气的团队，是缺乏吸引力、凝聚力、战斗力的，而士气旺盛的团队，无论在任何环境，遇到任何困难，都是无往而不胜的。刘邓大军挺进中原，狭路相逢勇者胜，就是最好的证明。就是这种士气，让不可能变成了可能，从此解放战争掀开了新的一页。小团队应该是充满士气、昂首向前的团队。

（3）成员合作亲密无间

大海是由无数的水滴组成的，每个人都是团队中的水滴。个人永远敌不过团队。个人的成功是暂时的，而团队的成功才是永久的。团队的成功靠的是团队里每位成员的配合与合作，如同打篮球，个人能力再强，没有队友的配合也无法取胜。打比赛时5个人就是一个团体，有人投球、有人抢篮板、有人战术犯规，其目的都是为了实现团队的目标。

（4）实现三个统一

文化最具有凝聚力，当一个团队有良好的文化时，往往可以实现多个层面的统一，包括思想统一、行动统一、声音统一。

① 思想统一。

如果团队不统一，你说东他说西，就像人在做思想斗争时会降低行动效率一样，团队思想不统一也会降低效率。

② 行动统一。

一个团队在行动的时候队员要相互协作，让行动统一有序，使整个流程合理衔接，每个环节环环紧扣。

③ 声音统一。

一个团队有观念冲突是合理的，但在决定面前，大家只能有一种声音。不能开会不说，会后乱说，当面一套，背后一套。文化可以最大限度地保持声音的一致。有一家外资企业这方面做得非常好，他们的管理层推动大家在会上激烈的争吵，甚至可以和总经理争吵，但会上产生的决议大家都要严格地执行不能有任何不协调的声音。

6.1.2　小团队文化建设的五个步骤

顺丰速运的派送速度非常快，苹果手机总让人着迷，希尔顿酒店的笑脸服务闻名世界。但有没有想过，顺丰的派送为什么总能随叫随到？苹果公司为什么总能够将乔布斯的奇思妙想变成现实？希尔顿酒店的服务员为什么始终保持笑脸？

从文化建设的角度思考，你会发现一个惊人的原因，那就是它们拥有强大的企业文化和完善的文化体系。可以说，正是这些富有特色的企业文化，它们的下属总是能够在第一时间站在企业角度，按照企业的特色服务来维护消费者的利益。

比如，顺丰的企业文化侧重一个"快"字，这也是快递服务业的基本内核，同样，苹果公司的新，希尔顿酒店的"微笑理念"也都是这样的道理，这些文化特色已经深入到每位下属的心中，会体现在工作上的每一个环节。

而小团队文化的建设无法一蹴而就，往往需要一个漫长的过程。这个过程包括如图6-2所示的5个步骤。

图6-2　团队文化建设五部曲

第一步：VI系统建设。

VI是英文Visual Identity的缩写，视觉识别系统的简称。一般是指运用系统的、统一的视觉符号对标的物进行具体化、视觉化的传达。可以起到有效统一文化形象，打造文化IP的作用，让标的物形象更具有立体性，视觉化更强。

VI是小团队文化建设的一部分，统一的VI系统可以让团队形象更深入人心。那么，如何创建统一的团队VI系统呢？

首先，明确VI系统包含的内容，通常情况下有团队名称、标志、品牌logo、工作环境布置、精英榜、明星员工展示墙、员工采访、团队采访、吉祥物等外在表现形式。这些内容可以归结为如图6-3所示的两类。

1. 基本要素系统
包括企业名称、企业标志、企业造型、标准字、标准色、象征图案、宣传口号等
2. 内部应用系统
包括产品造型、办公用品、企业环境、服装服饰、广告媒体、招牌、包装系统、公务礼品、陈列展示以及印刷出版物等

图6-3　VI系统包含的内容

其次，搞清楚VI的本质，构建VI系统的目的，即站在用户角度，将品牌核心内容视觉化，并传递给用户。具体如图6-4所示。

最后，要严格遵循设计原则。VI系统既是程式化的，又是富有

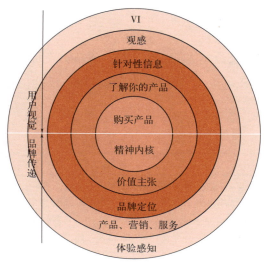

图6-4　VI系统的本质

创意性的，这就决定了VI系统设计需要遵循两个原则：一个是一成不变；另一个是千变万化。

一成不变部分是基本要素系统，这部分内容是约定俗成的，设计比较简单，具体如图6-5所示。

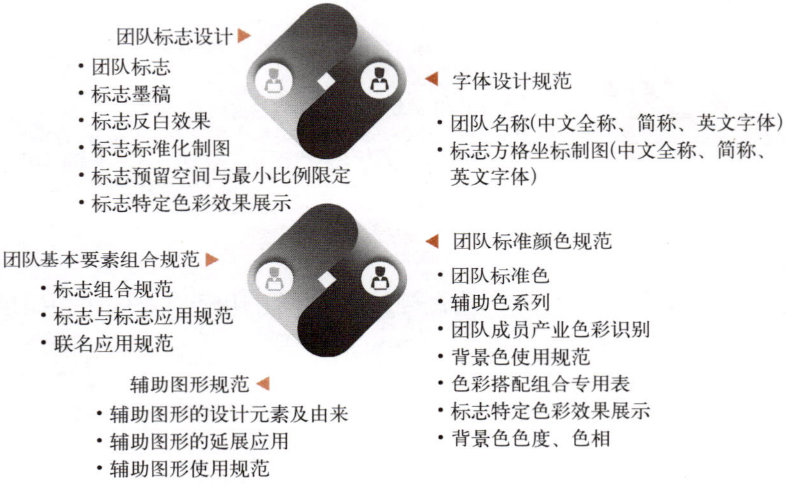

团队标志设计▶
- 团队标志
- 标志墨稿
- 标志反白效果
- 标志标准化制图
- 标志预留空间与最小比例限定
- 标志特定色彩效果展示

团队基本要素组合规范▶
- 标志组合规范
- 标志与标志应用规范
- 联名应用规范

辅助图形规范◀
- 辅助图形的设计元素及由来
- 辅助图形的延展应用
- 辅助图形使用规范

◀字体设计规范
- 团队名称(中文全称、简称、英文字体)
- 标志方格坐标制图(中文全称、简称、英文字体)

◀团队标准颜色规范
- 团队标准色
- 辅助色系列
- 团队成员产业色彩识别
- 背景色使用规范
- 色彩搭配组合专用表
- 标志特定色彩效果展示
- 背景色色度、色相

图6-5 VI系统的设计原则

千变万化的部分是内部应用系统，这部分设计是因人而异、因时而异，具有可变性，需要设计人员具有十足的创意，具体如表6-1所列。

表6-1 VI系统内部应用系统设计内容

项目	具体内容
商品包装识别系统	商品系列包装、礼品盒包装、外包装箱、配件包装纸盒、大件商品运输包装、产品标识卡·存放卡·保修卡、质量通知书版式·说明书版式、会议事务用品
广告展览展示规范	灯箱、楼层、公交车体、路牌、纸媒、线上音频广告规范、悬挂式、立地式pop规范、海报版式规范、系列主题海报、产品宣传、促销广告用纸、年度报告书封面版式规范、会议事务用品

续表

项目	具体内容
公共关系赠品规范	贺卡、包装纸、台历、请柬、钥匙牌、挂历、邀请函、日历、信封、明信片、标识伞、手提袋、礼品盒、手机壳、服装、服饰规范
服装、服饰规范	管理人员男装（西服、领带）、管理人员女装（裙装、领花、胸饰）、春秋衬衣、普通下属男装、普通下属女装、运动服外套、运动卫衣、运动帽、T恤衫、外勤人员服装
办公用品应用规范	名片、信封、A4文件版式、纸杯、合同夹、桌牌、工作证、备忘录、便笺、档案袋、电脑桌面、PPT模板
宣传手册	品牌画册模板
PPT规范	PPT标准模板
新媒体设计规范	网站设计、公众号设定、线上系统规范
吉祥物	吉祥物色彩稿及造型说明、吉祥物三维图、吉祥物基本动态造型、企业吉祥物造型单色印刷规范、吉祥物动画动态、吉祥物衍生品展示、吉祥物应用、吉祥物延展

第二步：建设制度层面的文化。

制度文化是文化层次理论要素之一，文化层次理论包括精神文化、物质文化和制度文化。制度文化是人类在物质生产过程中，所结成的各种社会关系的总和，是组织、集体为了自身的生存与发展需要而主动创建的规范化体系。比如，国家层面的制度文化，包括行政体制、人才培养选拔制度、法律制度和民间礼仪俗规等。

制度文化在小团队管理中，是指小团队中全部制度文化子系统或子集的有机集合。一般包括财产制度文化、决策制度文化、组织制度文化、人事制度文化、财务制度文化。五大体系之间存在着有机的内在联系，并在此基础上形成企业制度文化体系。

小团队制度文化建设的目的，是让每一位成员知晓团队的行为准则、团队的激励/薪酬制度、团队的流程规范等。那么，小团队制度文化建设包括哪些内容呢？

（1）规范下属行为的制度

一个团队要保持稳定，必须建立明确、公正、透明的下属行为制度体系，包括政策、规章制度、流程和程序等方面。制度应涵盖组织的各个方面，如人力资源管理、财务管理、决策流程等，以规范行为及确保公平和诚信。

（2）规范管理者行为的制度

团队中完善的制度体系，不仅包括规范下属层面的，还要包括规范管理者层面的。需要注意的是，制定规范管理者层面的制度有其特殊性，必须遵循一些原则，具体如表6-2所列。

表6-2 制定规范管理者行为制度应遵循的原则

原则	具体内容
激励原则	对团队成员取得的成绩要及时给予赞赏，可能一句话就能帮助身处困境的下属消除心中的障碍
追责原则	责任追究制度，并完全彻底地执行，对犯错成员的惩罚是对好成员的最佳补偿
领头雁原则	雁群在飞翔时，总是以它特有的形式前进，每只大雁轮流担任领头雁。每只大雁都对雁群的飞行负有责任，一旦需要，就在领导者、跟随者与侦察兵的角色中轮换
精细化原则	各项工作计划、工作指引等的制定要切合实际，在执行过程中要及时对其进行分析和调整。作为团队的管理者，有责任和义务帮助下属检查工作的细节，并引导下属进行评估和预测
任命原则	对于工作中的失误，应准确地辨别是下属行为还是自己出现了错误。只有按技能的需求做合适的任命，才能让每个人都发挥其专长
代理人原则	如果你是一项工作的领头雁，在因故无法履行职责时，就要主动找其他人暂代自己的领头雁位置。这就是领头雁模式下的"代理人"制度
预见性原则	作为管理者，有责任预见变故，随时做好踏上新航程的准备；要追踪变故，时刻考察生存环境；要权衡利弊，尽快因势利导。越早放弃旧的，才会及时找到新的
总结性原则	关注下属在工作中的需求和得失，将成为引导下属朝着团队既定目标前行的关键。善于总结，不仅是总结失败，更要总结成功，因为成功经验更具有激励的效用

第三步：做好团队文化培训。

团队文化培训对于建立和巩固一个积极、合作和高效的团队至关重要。谷歌为什么能倍速成长？秘诀在于他们制定了人才培养教程，培训全球范围内的谷歌小团队。通过针对性的培训，团队成员将更加了解和认同团队的文化，并能在工作中积极践行。

团队文化的建设需要长期投入和持续的努力，它能够促进团队的凝聚力、合作性和创造力，从而推动团队的成功和发展。

如图6-6所示是团队文化培训的8个步骤。

第四步：坚持走"群众路线"。

这里的"群众"主要指团队中所有成员及服务对象，这一部分人往往是团队文化建设的创造者和推动者。坚持走"群众路线"就是指团队必须尊重、相信每一位成员，通过多途径激发成员的参与欲望，使其自觉投入到团队建设中去。从而强化成员、客户对团队的认同感、归属感，树立起主人翁意识。

（1）保障成员的合法权益

将成员利益作为团队工作的出发点和落脚点，目的是保障成员个人的利益能够有效实现。作为团队领导要在团队内部营造良好的环境和氛围，让成员能愉快地工作；平时及时倾听成员心声，尊重成员意见和建议，创建一个能够让成员的自我价值充分体现的平台，让其积极主动地工作。协调团队利益和成员需求之间的矛盾，提高组织的活力和产出效率。

（2）加强成员的职业技能、文化素质

对于成员个人而言，绝大部分人的需求不是自己只在一个企业

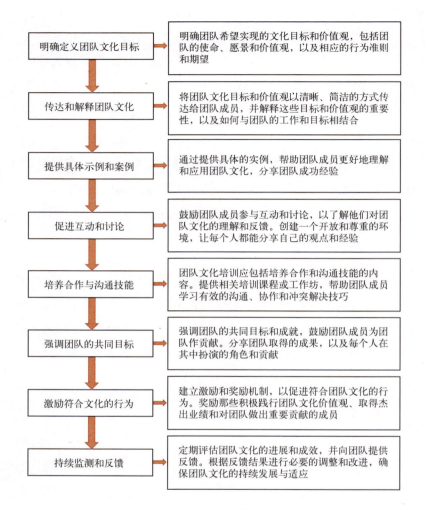

图6-6 团队文化培训的8个步骤

或团队中很好地工作就满足了,还希望自己的能力能够在工作中得到提升。

激烈的人才竞争已经使职场人士感受到,只有不断提高自己的技能和能力,才能在社会中立足。鉴于此,团队培训已经成为吸引和留住人才最重要的因素之一，加强技能培训，不仅能增强企业发展的动力，而且能很好地留住人才。

（3）促进成员之间互相尊重

积极为成员之间交流搭建平台，促进成员之间互相尊重、相互理解与相互支持，在团队中营造融洽的人文氛围，形成推动团队发展的强大合力。

团队文化的生生不息，都是源于全员的参与及创新，团队必须让更多的人感受到这一点。例如，建立团队的虚拟组织、说实话做实事、日常仪式/典礼、有趣的活动形式/载体形式。

第五步：树立身边榜样。

企业文化在某种程度上就是"企业家"文化，在很大程度上取决于创始人或主要领导人的决心和行动。小团队也是如此，需要主管、经理坚持不懈地去做好榜样工作，既要身教，也要言传。

因此，团队创始人或主要领导人应该带头学习团队文化知识，对团队文化的内涵要有深刻的认识，对建设本团队文化有独到的见解，对本团队发展有长远的战略思考。要亲自参与文化理念的提炼，指导团队文化各个系统的设计，提出具有个性化的观点，突出强调独具个性和前瞻性的管理意识。利用长远目光、人格魅力和管理艺术，感染和影响成员发挥最大的潜力，推动团队科学和可持续发展。

以上是小团队文化建设的一些基本步骤，具体的实施过程需要根据团队的情况和需求进行调整。

6.2 完善监督机制,实现全面监控

6.2.1 让管理更规范,让执行更高效

监督是管理活动中的一种职能,是防止出现偏差的应对手段。比如,对项目的成本、质量和进度的监督就是为了防止超支、不符合和延期等不利后果的发生。

换句话说,在管理活动中,所有的"不利后果"一方面与管理者有关,另一方面与执行者有关。而监督可以让管理者的管理过程更规范,让团队成员的执行更高效,具体作用如下。

(1)让管理过程更规范

谈到管理,很多人首先想到的是目标是否实现,取得了什么结果?而忽略了过程。其实,无论结果是好是坏都离不开过程,要想取得好的结果,必须重视管理过程。很多小团队管理者急功近利,追崇"只要结果,其他的我不管",这是不科学的。如果不管理过程,只等月底看结果,一旦预定目标没实现再来要过程,一切都晚了,甚至追究责任也没有任何意义了。

一件事情不仅要看结果,还要注重对过程进行监督,以保证事物的发展能按设想的方向和进度发展,而不是一开始任其自由发展,出了问题再找人算账,或惩罚,或开除。只讲结果,不讲过程,要么不懂管理,要么不想承担责任。

作为小团队管理者,往往是身兼多职,需要面对不同部门、不同领导、不同下属。工作中的不同问题,更不能只看结果,而是要注重过程,有序地掌握各项事务的进度,以衡量这个过程中有没有

出现问题，如果发现问题要及时处理。这是对过程的一种控制，也恰恰是对结果的一种保证。

具体可以采用复命制，A管理模式发起者刘光起曾提出一个"四小时复命制"，就是要主动监督过程，以及时察觉管理过程中的各种问题，以便及时进行调整。当然，这个时间段可以根据实际情况调整，可以缩短至1～2小时，也可以延长至天、周、月，比如，对销售周期的控制就是按周来计算比较合理。

（2）让团队成员执行更高效

监督是一种良好的管理方式，它能够提高下属的工作效率、工作质量，以及下属自身的责任心和团队合作意识。因此，建立有效的监督机制对团队成员的执行非常有效，可以使工作更加高效和顺利完成。

监督为什么可以改善执行效率，如图6-7所示的原因足以说明。

图6-7　监督可以改善执行效率的原因

① 澄清期望和目标。

监督可以帮助团队确立明确的期望和目标，并将这些信息传递给每一位成员。这样，团队成员就能明确地知道，自己应该专注什么，期望达到什么样的结果。清晰的目标有助于激发团队成员的工作积极性和动力，并确保他们在工作中专注于关键任务。

② 提供指导和支持。

监督可以为团队成员的执行提供必要的指导和支持，帮助团队成员理解任务要求、面临的问题和需要克服的挑战。通过监督人员识别并解决执行过程中的问题，确保团队成员能够顺利地完成工作。

③ 资源分配和优先级管理。

监督可以确保适当的资源分配和优先级管理。比如，监督人员协调团队成员之间的工作分配，确保每个人都有合适、适量的工作。同时，可以根据任务的紧急程度和重要性进行合理的优先排序，这将有助于解决因工作负载不平衡和任务冲突，降低执行效率的问题。

④ 工作监测和评估。

监督可以对工作进展进行监测和评估。监督人员通过关注重要的关键绩效指标，定期检查团队成员的工作结果，并提供必要的反馈和改进建议，这有助于发现潜在的问题，并及时采取纠正措施，确保工作按计划进行。

⑤ 提供学习和发展机会。

监督可以为团队成员提供学习和发展的机会，帮助他们提高执行能力。具体方式是通过定期的反馈和评估，监督人员识别出团队成员的弱点，并针对弱点提供培训和发展计划。

总之，监督可以提高执行效率，确保团队成员按照预期履行职责，并为其提供所需的支持和资源。通过监督，团队可以更加高效地完成任务，取得更好的成果。

6.2.2 建立和完善小团队监督机制

团队监督机制是确保团队成员按照规定和期望履行职责的一种管理方式。以下是小团队管理过程中常用到的监督机制。

（1）目标设定和绩效评估

与团队成员共同设定明确的目标，并建立相应的绩效评估体系。定期评估团队成员的绩效，确保他们达到预期的工作成果。

（2）工作日志和报告

要求团队成员记录工作内容和进展情况，以便管理者和其他团队成员了解工作进程。可以通过工作日志、周报、月报等形式收集并审查这些报告。

（3）定期会议和进展讨论

定期组织团队会议，讨论工作进展、问题和挑战，这是一种有效的监督机制，可以促进团队成员之间的交流和协作，并及时解决问题。

（4）核查和验证

对团队成员的工作结果进行核查和验证，确保其准确性和合规性。可以由上级领导或专门的审核人员进行核查，以确保工作符合要求。

（5）质量管理和质量控制

建立质量管理体系，确保团队成员按照标准和流程进行工作。包括审查和审核工作产品、进行内部评估和检查等环节，以确保工作结果的质量。

（6）纪律和惩罚措施

建立纪律和惩罚制度，对违反规定或未履行职责的行为进行相应的处理，这可以是口头警告、书面警告、离职处分等形式，以维护团队纪律和秩序。

以上是建立完善的小团队监管体系的一些建议，这些机制可以根据团队的特点和需求进行调整和组合使用。具体的实施可以根据团队的特点和需求进行调整和补充。关键是确保监督机制公正透明，同时也要注重激励和奖励，以提高团队成员的参与度和工作动力。

6.3 奖罚分明，让监管得到真正执行

6.3.1 物质激励与精神激励并用

为了增强团队成员的竞争意识，有时候仅仅靠口头上的说教根本不会起什么作用，在必要的时候应该采取激励措施。而最常见的激励就是物质奖励，比如上司为了让下属更好地完成任务，可以许诺增加工资、增加福利项目、增加奖金额度，给予更多的提成，提供更好的职位，或者请客吃饭、赠送礼物。这一类物质诱惑往往可以起到强化指令的效果，确保执行者可以保质保量且按时完成任务。

一般来说，物质激励对于那些刚刚进入职场或者工资比较低的人有很大的效果，因为这一类人对于工资或者金钱的需求更大，想要挣钱的欲望更加强烈，因此物质激励对他们的吸引力更大。团队

管理者如果能够在沟通中加入物质激励，往往可以更好地敦促下属们更坚定地执行。

不过，当物质奖励提升到一定程度时，吸引力就会不断下降，新人会为了获得更多的经济报酬以及其他利益而努力工作，但是对于那些拿到高工资且拥有高福利、高地位的人，或者那些渴望证明自己或者实现自我价值的人来说，物质上的奖励不太容易激发他们工作的欲望。

例如，在一些跨国公司里经常会发生这样的事情，很多工资很高的老下属往往不愿意去国外尤其是去一些艰苦的地方工作，即便工资开得再高，他们也不会心动。不仅如此，这些老下属的工作激情以及专注度会不断下降，会出现工作懈怠的状况，甚至随随便便就应付了事。尽管一些公司为了避免这种现象的发生，不断强化内部考核，并且还将一些国际项目交给外包公司去做，但是这样做往往会影响工期以及工程质量。

一旦发生类似的情况，管理者该如何应对呢？继续增加物质激励的做法显然不合适，最好的方法就是在坚持物质激励的同时，进行精神上的激励和鼓舞。比如，认可下属的工作能力、赞美他们的工作态度、为下属制定最合适的发展道路、为下属设定一些难度比较大的挑战等。如果说物质激励停留在一个较低的外在层次，那么，精神激励重在体现员工的内在层次，比如，荣誉感、自豪感、社会责任心、自我价值等。再如，提供职业安全、实现下属自我发展、创造和谐工作环境和人际关系、给予晋升机会、培养荣誉感和成就感，这些都属于精神激励的范畴。

在进行精神激励的时候，管理者需要重视团队成员的心理体验，不要将团队成员当成经济人，当成一个执行任务的下属，而要将其打造成为一个具有自我价值实现愿望的人；不要将成员当成团队的附属或者管理者的附属，而要将他们当成团队的主人翁，要懂得突出和尊重他们的主人翁地位；不要将成员的工作当成一项枯燥的任务，要鼓励他们去感受工作的乐趣，要主动营造和谐的工作氛围；不要总是寄希望于下属们做得更好；不要总是以指挥家的口吻让下属怎样去做，而要懂得树立一个好榜样，用自己的言行来引导他人；不要总是埋怨下属，必要的时候应该宽容下属们的过失，平时尽量给予他们更多正面的评价；不要过于独裁，将大小事务和权力全都揽在身上，而应该积极放权和授权，给予下属更多的权力和自由；不要因循守旧，以经验主义来束缚大家，而要保持开放的、创新的心态；不要忽略情感的作用，适当进行情感鼓舞，调动大家的情绪。

无论是物质奖励，还是精神激励都应该灵活运用，在不同的时段，针对不同的人，需要采取不同的激励方式。而无论是哪一种激励方式，其本质都是一种沟通，都是上下属之间增强联系、强化合作的一种有效方法。需要注意的是，任何一种激励必须到位，这里所提到的激励到位往往包含了三层意思：力度到位、描述到位、兑现到位。

激励力度到位指的是团队管理者的激励必须确保团队在市场上的竞争力，必须确保能够对执行者产生极大的吸引力，必须符合团队内部的承受力。

比如，对于一家年产值突破2000万元的公司，老板不能激励下属说"明年我们争取达到2005万元"，这样的激励力度太小，不具备挑战性，也不符合公司维持市场竞争力的原则。

然而如果老板狮子大开口，要求大家明年"必须实现年产值

1个亿"，这样跨度的激励显然超出了团队的承受能力。

老板如果承诺当企业效益翻倍时，每一个下属的月工资增加100元，这样的激励措施往往缺乏吸引力，相信下属工作的积极性很难被调动起来。

激励描述到位是指描述的语言要简洁易懂，最好能够做到生动形象，这样就更容易被执行者理解和接受。

某个老板在新年的开工庆典上发表讲话："我希望每一个人都能够像狼一样充满竞争意识，像牛一样工作踏实，像公鸡一样准时准点。"这里所做的各种比喻，内容简单，语言生动有趣，很有鼓舞性。

如果老板一上来就讲一大堆的道理，讲一大段充满理论知识的话，那么就显得太过复杂啰唆，让人听起来索然无味。

兑现到位是指团队管理者在做出激励承诺之后，必须说话算话，一旦执行者如期完成了任务，管理者就必须兑现自己的承诺。

一些公司一开始作出规定："只要下属每个月的业绩能够超过基本线30%，就将在正常福利的基础上多发一个月的工资。"结果一些工作兢兢业业的下属，每个月都顺利超过基本线的30%。可是在年底的时候，公司只愿意在提供正常福利基础上给予半个月的工资。虽然同样是进行了奖励，可是公司并没有完全兑现自己最初的承诺，这样无疑会让下属感到心寒，甚至丧失团队的归属感和工作的积极性。

激励到位是确保激励手段能够发挥作用的重要保障，毕竟激励并不是简单的口头承诺，也不是给下属画出一个空洞的蓝图，给下属开一张空头支票，它需要贯彻始终，需要切切实实地让下属感受到某种力量，并且享受到这种力量迸发后的好处。一旦激励环节出现了漏洞和失误，就可能对上下属之间的沟通造成影响，对执行者的执行态度、执行意识、执行力造成影响。

6.3.2 奖罚两手抓，两手都要硬

在商业环境中，企业经常使用各种货币和非货币形式的奖励或惩罚来影响下属的决策和行为。奖金是一种货币奖励形式，属于积极的强化机制，通过给予下属额外的效用，激发更大程度的努力。

相比之下，罚款是一种会降低下属效用的惩罚机制，下属会减少不受欢迎的行为以避免被惩罚。尽管它们产生了不同类型的刺激，但奖金和罚款都会激励下属在随后的时期取得更好的业绩。

人们对奖赏的期望和对惩罚的恐惧都有反应。然而，大多数企业使用的激励合同，通常是基于从奖赏的方面考虑。几乎每个人在成长过程中都会经历奖赏和惩罚的混合，为什么奖金合同比惩罚合同更普遍呢？

怎么让下属完成任务，又能对业绩未达标的下属起到督促作用？其实，真正能督促下属完成任务的方式，不是惩罚，而是奖励。

重要的是，要设立一个合理的工作任务，至少要有下属能完成这样的业绩。对于未达标的下属，可以进行一定的罚款，不要太多，三五十就好，目的是作为一个警示。然后把这些罚款，奖励给完成目标的下属，既起到惩罚作用，又激励了优秀下属，一举两得。

或许有人认为，拿别人的罚款，奖励完成任务的下属，会破坏下属关系，导致对立。但这种对立，更能激发下属的斗志，忽略对上级的不满，且不会有任何损失。

无论惩罚还是奖励，最终的目的，都是为了促进公司发展，完

成一个共同富裕的目标。若脱离了这个目标，所有的惩罚和奖励，就都失去了意义。业绩永远做不完。没人会为了一个没有意义的目标而奋斗！所以，一切目标的设定，都应从实际出发，奖励往往比处罚更管用。

相比奖金，罚款对下属后续业绩的激励更大。当奖金的值足够大时，奖金的边际效应可能最终会超过罚款。惩罚可能会增加下属流失，特别是对熟练和高素质的工人。

在使用奖罚激励时，需要注意以下事项。

（1）明确奖罚标准

在实施奖罚激励之前，需要明确奖罚的标准和规则，让员工清楚知道哪些行为会受到奖励，哪些行为会受到惩罚。

（2）坚持公正公平

奖罚激励必须公正公平，不能因为个人偏见或主观意识而偏袒或歧视某些员工。

（3）避免过度使用

奖罚激励应该坚持适度原则，不能过度使用，否则可能会让员工感到压力或失去动力。

（4）对结果及时反馈

对于员工的奖罚情况，需要及时反馈，让员工知道自己的行为是否得到了认可或批评。

（5）多样化奖励方式

可以根据员工的兴趣爱好和需求，采用不同的奖励方式，如奖金、晋升、培训等，以满足员工的多样化需求。

（6）鼓励自我激励

在使用奖罚激励时，需要鼓励员工自我激励，让他们从内心产生动力和热情，从而更好地发挥自己的潜力。

总之，在使用奖罚激励时需要注意适度、公正、及时、多样化等原则，同时建立良好的沟通机制和尊重员工的尊严和人格。

6.4 小团队建设的误区

小团队虽然规模小，但团队建设却是一项难度很大、实践性很强的工作，稍有不慎，就会出现偏差，但只要公司坚持以人为本的原则，注重实效，不断创新，就一定能够走出这样那样的误区，从而真正培养出团队的凝聚力和向心力，形成团队独有的核心竞争优势。

6.4.1 误区一：团队利益高于一切

团队是一个集体，有"集体利益高于一切"这个被普遍认可的价值取向。很自然地，很多小团队管理者会得出"团队利益高于一切"的结论，但在小团队管理中这是一个错误认识。

案例2

晨星公司创立于1970年，是世界上最大的番茄酱生产、加工企业之一。如果你喜欢西餐，爱喝坎贝尔牌（Campbell）番茄汤，吃拉古牌（Ragu）意大利面酱或亨氏（Heinz）番茄酱，一定知道晨星公司。

现如今，公司拥有200多辆卡车、数个工厂和几千名下属，控制着美国加利福尼亚州（总部所在地）25%的番茄加工，全美40%的番茄制品。然而，最初它只是一家拥有一辆小卡车的个体番茄运输公司。

规模小不是最重要的，最重要的是，他们一致秉承着与大多数生产企业不一样的经营管理理念。表面上看，晨星公司运营方式似乎在完全复制着泰勒制理论：复杂的工业生产过程，横跨多个领域和多家工厂，每年生产数以亿吨的番茄。但恰恰完全相反，他们实行的是一种近乎完美的扁平式管理。

晨星公司没有管理人员，任何人没有硬性头衔，没有等级制度。在组织结构的每一层级里，或者其组织网络的每一个环节，都是通过下属的"自我管理"的理念，默默地推行着个性化原则。

公司的老下属保罗·格林负责的是培训和研发工作，他完全认同这种激进的经营模式和理念，正如他说："所有机构都建立在'人类'这个基本假设之上，无论他们知道与否。在晨星公司，我们认为个人是最重要的存在，我们竭尽所能，以提升个体的权利。"

与所有下属一样，格林也没有任何头衔，虽然他负责向所有部门传达公司的核心原则。他从2006年开始，就只是一名大型工业机器维修工，这个工作尽管非常枯燥，但他知道，公司从自己工作的第一天起，就被传达了一种思想，即"在晨星公司，我可以自由地改换到任何我想要的工作岗位，只要这么做有助于公司使命的完成，并且我需要让其他因为我的改变而受到影响的下属确信这是一个好主意"。晨星公司是一个以个体为中心的公司,在这样的公司,颠覆传统的事情频繁发生。比如,临时工可以在流水作业线上进行实验,短工也可以维修关键设备。

正是有机地适应了每个下属的锯齿形特征,将下属与环境高效地匹配,并赋予个人追求自己发展道路的权利,才能使每个下属,在自己的岗位上,不断创造出更大的价值。

当前的小团队正是需要这样的管理理念,团队要尊重并认真对待每个个体。当你的公司认真对待个体,个体又意识到,公司是专为接纳个体而建立时,积极性和创新就会无处不在、无时不在,它会出现在工作的每一个环节。因为每个个体都被改造成了独立代理人,每个人都有责任想出完成工作的最佳方法,对公司作出贡献。

因此,小团队中不能过分推崇和强调"团队利益高于一切",否则,会导致产生如图6-8所示两方面的问题。

图6-8　强调"团队利益高于一切"导致的问题

(1)容易滋生小团体主义

小团队大多数是依附于企业而存在的,所谓的团队利益,对内部成员而言是整体利益,而对整个企业来说又是局部利益。过分强调团队利益,处处从维护团队自身利益的角度出发常常会打破企业内部固有的利益均衡，侵害其他团队乃至企业整体的利益，从而造成团队与团队，团队与企业之间的目标错位，最终影响到利益的实现。

（2）个体应得利益被忽视和践踏

小团队信息扁平，尊重个体，更重视个体差异和个人价值。这是由其特殊的组织结构和组织文化决定的，再加上，组织成员也经常变动，因此很多时候是一个组织性不十分强的松散型组织。如果一味强调团队利益至上，个体应得利益被长期漠视、侵害，成员积极性和创造性无疑会遭受重创，从而影响到整个团队的竞争力和战斗力，甚至出现"假维护团队利益之名，行损害个体利益之实"的情况。

6.4.2 误区二：团队内部皆兄弟

无论大企业，还是小团队，纪律是胜利的保证，只有做到令行禁止，才会在战场上战无不胜。三国时期，诸葛亮挥泪斩马谡就是一个典型的例子，诸葛亮与马谡于公于私关系都很好，但马谡丢失了战略要地街亭，诸葛亮还是按律将其斩首。表面上不近人情，但确确实实稳定了军心。

然而，在很多小团队中，过度追求团队的亲和力和人情味，错误地认为严明的团队纪律是有碍团结的，"团队之内皆兄弟"，这就直接导致了团队内部管理制度的不完善，或虽有制度但执行不力，形同虚设。

案例3

笔者曾接手一个团队，当空降这个团队之后，听到最多的一个词就是兄弟情谊。有的人把这种情谊叫执行力，有的人叫讲价值观、文化，其实都变了味道。

它成了整个团队变革的障碍，比如，我推行的很多制度都会受到阻力。这个阻力不是他们不愿意去执行，而是碍于这种情谊的东西，他觉得没法去执行，包括我们甚至来调动个区域经理都没法调动，这是不可思议的。

大家就觉得我们是有情有义的人，我们讲的是兄弟情谊。大体上意思就是"我要对我下面的人负责，我要对我兄弟负责"。但是我认为，谁能对别人负责？你用什么负责，你是在拿公司资源做人情，没有谁有资格拿公司的资源做人情。

我去调整他们，发现很难，因为这是这个团队里面最浓厚的一种氛围。后来，事实证明都是所谓的兄弟情谊，导致该企业最终无法继续经营下去。一个团队的领导，如果总是抱着"你是我团队的，你是我兄弟，我得'保护'你，我得帮你"的心态，那这个团队必然走不远。

一个团队应不应该讲兄弟情义？其实，并无定论，过度地强调这个事情，做什么事情都将"情"放在首位，必然会适得其反，如果将其控制在一个合理的范围内，对团队是有利的。笔者记得很清楚，我的老板李先生，他对兄弟情就把握得十分到位，始终维持着"一种有人情没关系的状态"。作为老板，没有和下属吃过一顿饭，你说这是不是兄弟情，不是，但是他又特别关心下属的成长，关心

下属的生活和心理。整个团队之间大家都是一起互相关心的，当某个成员有困难时大家会一起给予帮助，但说实在的，绝对没有那种所谓的兄弟情谊。

团队中所谓兄弟情谊，如果度把握不好就变成了极其不稳定的因素。小团队在上下属等级制度上虽然没有那么严明，但也不能管理没有秩序。权力、权威的存在，不仅是维护团队整体利益的需要，在保护团队成员的根本利益方面也有着积极意义。

比如，某个成员没能按期保质地完成某项工作，或违反了某项具体规定，但并没有受到相应的处罚，或是处罚无关痛痒，这就会使这个成员产生一种"其实也没有什么大不了"的错觉，久而久之，遗患无穷。如果一开始就受到严明纪律的约束，及时纠正错误的认识，那么对团队对他个人都是有益的。

6.4.3 误区三：团队内设立全面竞争机制

有带过团队的经验者都知道，团队建设最重要的是引入竞争机制，足够的竞争可以激发团队凝聚力，下属工作的积极性。否则，团队就会陷入一潭死水，成员之间缺乏积极性。很多团队正是因为过于安逸，仅仅凭着下属的一股激情而努力工作，时间一长，发现自己干多干少，干好干坏结果都一样，那么热情就会逐渐减退，甚至失望、消沉。

但这是针对大型团队而言的，对小团队并非最佳。在这里需要注意一点，团队中所谓的竞争是针对同岗位、同工种之间，比如大家都是销售员，都是为了推销某一类产品，这样一个竞争是相对公平合理的。

而小团队本来就很小，人数和岗位基本上是一对一匹配的，一个技术岗和一个销售岗是无法竞争的。因此，小团队内部在很多情况下是不需要有竞争，不需要"你追我赶"的气氛的。而让每一位成员都具有同等的待遇，只要做好工作，技术岗就应该得到顶级的待遇，销售岗也能得到匹配的待遇，只有让每位成员感觉"平等"，才能促进团结。

对于小团队而言，引入全面竞争机制，实行赏勤罚懒，赏优罚劣，看似平等，实为压制，无法激励团队成员的主动性、创造性，促使团队保持长期的活力。小团队应该更多一些协作，而非竞争。比如，有些人天生具备"狼性"，"竞争"会让他激动燥热，这样的人只适合大型团队。倘若在小团队中，势必会成为众人打压的对象。

案例4

曾遇到过这样一位小团队领导。他毕业于一所名校，能力特别强，属于愈挫愈勇的一类人。毕业后，加入一家民营企业，在短短5年内，将不到300人的公司扩张到了3000人。他也从一名普通下属，逐渐做到项目经理、技术专家，并且是一个技术团队的精英骨干领导。

能力归能力，但他的管理方式令人反感。因为他是个崇尚"竞争"的人，认为，竞赛不仅能激发潜能，还能促使自己不断超越。因此，他自己在各个场合"挑战"下属，爱与下属争个高低对错，也要求团队中的每一个人进行内部竞争。

但不是每个人都服从管理，他的下属A、B和C都曾公开抱怨他的管理方式。A是个00后下属，她觉得"我会按照工作计划完成工作，但我的生活计划，不能因为领导苛刻的管理而随意改变。"B是一位老下属，自认专业背景和工作能力不在领导之下，对于领导的挑剔和挑战，也十分不服。C人缘极好，工作认真，但同时也常把重心放在家庭上，这位领导一来，C的工作量增加不少，周末也偶尔加班，自然免不了和他遍布各个部门的朋友们抱怨一番。

上述案例当中，这位管理者最大的问题在于成为管理者后，没有让"竞争"这一心理特质去服务于岗位，仍将下属看作自己的竞赛对象，而忽略了他们未必热爱"竞争"，更有可能产生挫败感。同时，他对外的竞争需求也没有很好地移植给下属，他对高质量的要求来源于要和最高标准竞赛，但他的动机并没有得到下属的认同。

换一个角度讲，如果他将竞争对象，从团队中剥离出来，并让自己和下属站在一起，共同与外部团队竞争，就是另外一种结果了。竞争，对团队成员不再是伤害，而是一种保护。

成也"竞争"败也"竞争"，竞争不是适合所有的人或团队。作为管理者，可以为团队成员赢荣誉，争先进，以此凝聚团队。

6.4.4　误区四：过度迷信新潮的野外团建

在团建工作中，有一种新潮的方式十分风靡，即将团队成员拉往野外，漂亮风景区、山区度假地、牧场或公园，一边游玩，一边以成员心理训练为基础，做历险类游戏活动。并聘请专业的教练给成员指导，通过完成一系列挑战生理和心理的艰巨任务，以锻炼团队成员协作力、凝聚力，解决工作效率低下问题。

然而，不少团队管理者十分迷信这种团建方式的效果，把团队建设寄希望于几场游戏。

的确，这样的团建可以帮助成员克服恐惧、促进相互之间的了解和合作，强化对集体的荣誉感和责任感。经历过这种训练的人，无不对此推崇备至，他们认为训练使其突破自我，改变了自己的生活态度，完成了以前不敢想象的事情。活动后许多人欢呼雀跃，甚至感慨为什么不早几年接受这种训练呢？

但这种效果持续性很差，很少人能真正进行转化，运用到工作实践中去。当团队课程结束，怀着欣喜若狂的心情，回到都市、回到办公室时，这些所谓的积极的东西也自然而然地随之消失，团队面貌也不会焕然一新。登山、攀网训练并非真正的团队活动，它能开拓个人发展潜力，挑战自身极限，是因为在工作场所之外，在那样的环境里，可能会表现得更加友善、更加乐于助人。

当环境一变就又是另一种表现，这倒不是害怕、恐惧和不信任队友，而是随角色、工作流程的变化又产生了新的问题。比如，对自己所担任的角色感到迷茫；不清楚自己的具体任务；是否有权处理认为需要做的事情？

6.4.5 误区五：将团队打造成运动型团队

团建还有一种非常常见的方式——运动团建，即将团队打造成一支足球队、篮球队、橄榄球队或其他运动类型的队伍。采用球队的建设模式、管理方式以及偶像激励（张贴足球或篮球巨星海报）等，以激发成员像运动员一样展开公平的竞争，争创一流的成绩。

为此，现在很多团队管理者十分热衷这种团建模式，纷纷效仿。其实，这是一种误解，运动型团队是一种特殊的团队建设方式，只适合于特定领域、特定团队。因为这种团建模式局限性大，劣势大于优势，一旦运用不好将功亏一篑。

运动型团队的局限性很多，比如，团建方式单一、对人员要求高及安全问题等。具体包括如图6-2所示的5个方面。

图6-9　运动型团队的局限性

（1）团建方式过于单一

运动型团建通常以体育活动为主，如足球、篮球、接力等，缺乏多样性。如果参与者对某种体育活动不感兴趣，可能会感到无聊和乏味。

（2）对队员要求较高

运动型团队的队员通常是某一领域精选出的专才，就像运动员，参与者需要具备一定的体育技能和身体素质，如果参与者缺乏相关技能或身体素质较差，可能会感到吃力或不适应。

（3）安全无保障

运动型团建涉及身体活动，如果组织不当或参与者缺乏安全意识，可能会发生意外事故。

（4）场地和设备配备压力大

既然是运动型团队，平时肯定需要大量的体育运动，这就需要一定的场地和设施支持，如果场地有限或设施不足，可能会影响活动的顺利进行。而场地和设施的配备，是很多团队的弱项，有的团队不愿意加大这部分投入，有的是专业度不够，若专业度不够，设备再好也是资源浪费。

（5）管理模式固有的缺陷

从专业角度看，运动型团队与商业型团队有很大区别。即其管理模式是传统的自上而下的管理，主管或教练搞一言堂，凌驾于所有队员之上，成员没有决策权，很难做自认为正确而且也适合自己的事情。

比如，在某足球队中，某球员擅长打右边锋，而团队需要他打左边锋，那他一定得打左边锋。那么，这种体制会延续到团队管理中，即团队领导需要一个球员做什么，那这名球员就必须做什么。

综上所述，运动型团建虽然能够增强团队凝聚力和协作精神，但也存在很多不足。因此，团队管理者在选择团建活动时，需要根据实际情况和需求进行综合考虑。

6.4.6　误区六：领导者就是管理者

现在，在很多企业中，越来越多的人不想当小团队领导了，理由很多，最常见的是"人少事杂，管理的事务越来越多，身体上、精神上压力大，负担双双增加""自己的自由时间减少了"。

有这样的想法，最根本的原因是将领导者与管理者的角色混淆了。无论在职责上，还是在培养方法上，团队领导者和管理者都存在很多不同。下面结合在领导力领域研究最有权威的人物——哈佛商学院的约翰·P.科特谈起，他曾经指出：领导力和管理力原本就不是一回事。

约翰·P.科特对领导者和管理者的不同做了如图6-10所示的定义。

图6-10　领导者和管理者定义的区别

在约翰·P.科特定义的基础上，可以对领导者和管理者的概念进行总结。领导者是以性善论为基础，激发人的干劲，而管理者是以性恶论为基础，对人进行管理。

这样一来就能看出，那些不想当团队领导的人，大部分都是把管理者该做的事误认为是领导者该做的事了。其实，领导者和管理者是两个不同的角色，内涵不同。

所谓领导，关键是一个"领"字，我们经常说"带兵打仗""带兵之道""带队伍"等。一个"带"字体现的是，引领者、感召者、传道授业者，对下属既要管，也要教、要帮、要扶，更要领、要导,体现的是上下一体、传承追随,体现的是引领感召、榜样示范,是权威、是温暖的、是打动人心的。而管理者体现的是"管",与被管理者处在矛盾的两个方面,往往借助于制度工具来进行,更多的是相互对立的,过度的"管"还会锁住下属的思维,锁住他们的积极性,也锁住了他们的创造性。

结合具体职责和行为,领导者与管理者存在非常明显的区别,其对个人能力的要求也不相同。详细内容如表6-3所列。

表6-3　领导者与管理者职责和行为上的区别

对比项	具体内容	
愿景和目标	领导者注重制定愿景和方向,激发团队成员的激情和动力,使他们朝着共同的目标努力	管理者更注重确保任务的完成,通过规划、组织和控制来实现目标
影响和权威	领导者依靠个人魅力和影响力来引导团队,他们能够激励下属达到最佳状态,并赢得信任和支持	管理者则借助于权威和职位来指挥和控制团队,他们负责分配任务、监督执行和评估绩效
创新和变革	领导者鼓励创新和变革,他们鼓励团队成员提出新的想法和方法,并推动组织朝着更好的方向发展	管理者则更注重维护稳定和效率,他们倾向于按照既定的规程和程序进行工作
沟通和协作	领导者强调开放的沟通和良好的团队合作,他们鼓励下属间互动和交流,以获得更好的协同效应	管理者注重确保信息流畅、解决问题,并协调不同职能部门之间的合作

因此,在同一个团队中,领导者和管理者会有不同的重点和优先级。不过,需要指出的是,在某些情况下两者可以同时集于一个人身上,有些领导者也是优秀的管理者,并能够平衡两个角色的要求。现实商务工作往往会要求一个人同时具备领导者和管理者两种角色应具备的能力。